예수 그리스도의
12사도 레거시

KB203005

김대순 Daniel D. Kim

청소년기에 미국으로 이민을 가서 예수님을 만난 신앙 1세대로 미국 UCLA를 졸업하였다.

미국 남가주 탈봇신학대학원 를 졸업한 후 선교 사명을 받아 1998년부터 국제단체인

OMF 선교사로 사역하였 다. 태국 치앙마이 신학대학원에서 총책임자로 목회자를 양성하고 여러

교회도 개척하였다. 바이올라대학에서 박사 학위를 받았으며 성경적 제자도와 레거시에 특별한 관심

을 갖고 연구했다. 저서에는 『성경적 레거시』 『레거시를 위한 묵상』이 있다.

예수 그리스도의 12사도 레거시

김대순 Daniel D. Kim

©강효빈

RODEM BOOKS

예수 그리스도의
12사도 레거시

초판 1쇄 발행 2024년 4월 15일

지은이 김대순
표지그림 강효빈
내지그림 김성숙

발행인 최태희
디자인 김석범

펴낸곳 로뎀북스
등록 2012년 6월 13일 (제331-2012-000007호)
주소 충청남도 공주시 정안면 상룡길 90-18
이메일 rodembooks@naver.com
ISBN 978-89-98012-41-0
값 8,000원

목차

들어가는 말

교회의 모퉁이 돌 되신 예수님은 사도들을 선택하시고, 그들과 선지자들이 교회의 터가 되도록 하셨다 엡 2:20. 예수님이 교회를 세우실 때에 핵심 멤버였던 12 사도들은 3년 동안 예수님과 가까운 거리에서 함께 시간을 보내며 예수님의 삶과 사역을 현장에서 눈으로 보고 몸으로 체험하였다. 이렇게 특별한 12 사도들은 신앙의 후대에게 어떤 레거시를 남겼는가?

　　예수님의 12 사도들의 이름은 베드로라 하는 시몬, 베드로의 형제 안드레, 세베대의 아들 야고보, 야고보의 형제 요한, 빌립, 바돌로매, 도마, 세리 마태, 알패오의 아들 야고보, 다대오, 시몬, 가룟 유다, 이상 12명으로 복음서와 사도행전에 기록되어 있다 마 10:2-4; 막 3:16-19; 눅 6:14-16; 행 1:13. 성경 저자에 따라 12 사도들의 이름을 나열하는 순서는 약간씩 다르며, 이름이 다르게 표기된 사도도 있다.

　　우리는 현재 예수님의 21세기 제자들이므로, 성경 말씀을 통해 초대 사도들이 남겨준 레거시를 각 사도 별로 읽어본 후, 깊은 묵상을 통해 우리가 개인적으로 남길 수 있는 레거시는 어떤 것일지에 대해 고민하며 정리해 보는 시간 가지기를 기대한다.

1. 베드로 시몬

"한평생 끊임없이 변화하는 성장"

'베드로'가 남긴 레거시는 "한평생 끊임없이 변화하는 성장"이다.

베드로와 그의 형제 안드레의 아버지는 요한이었다 요 21:15. 한 가정의 가장으로 갈릴리 바다에서 어부로 일하던 베드로에게 예수님과의 처음 만남은 인생 최고의 전환점이 되었다. 예수님께서 베드로에게 주신 별명인 "바위/반석"의 뜻은 헬라어 페트로스 petros 에서 파생한 것이다. '시몬'은 베드로의 히브리어 이름으로 "듣다" 또는 "들었다"를 의미한다. '게바'는 헬라 이름으로 아람 Aramaic 어의 '반석'이라는 단어를 헬라어로 쓴 것이다 Nancy Dawson, All the Genealogies of the Bible, Zondervan Academic, 2023, p. 420.

베드로는 사람 낚는 어부가 되라는 예수님이 주신 첫 사명을 시작으로 영적 성숙의 오랜 과정을 통해 나이 많은 장로가 되었고, 마침내 로마 네로 황제 시대인 주후 66년 순교할 때까지 끊임없이 변화하며 성장하는 삶을 살았다 Nancy Dawson, All the Genealogies of the Bible, Zondervan Academic, 2023, p. 421. 그가 인생 마지막에 신앙의 선배로서 후배들에게 남긴 핵심 내용은 다음과 같다.

"오직 우리 주 곧 구주 예수 그리스도의 은혜와 그를 아는 지식에서 자라 가라. 영광이 이제와 영원한 날까지 그에게 있을지어다" 벧후 3:18.

'중단하지 말고 성장하라'가 베드로에게는 가장 중요한 삶의 원리였다. 그는 청년, 장년 시절에 달리던 영적 경주를 노년이 되어서도 중단하지 않았다. 성장을 중단하는 순간, 우리는 하나님의 영광의 대로에서 이탈하게 되고, 곧 영적 화석화 단계로 들어가 다음 세대에게 영적 죽음의 레거시를 남기게 된다는 것이다.

베드로가 남긴 "끊임없이 변화하는 성장"이라는 레거시의 구체적인 영역들은 다음과 같다.

1. 확실한 신앙 고백자

빌립보 가이샤랴 지역에서 예수님은 의도적으로 제자들에게 중요한 질문을 하신다. "사람들이 인자를 누구라 하느냐?" 그리고 연결하여 "너희는 나를 누구라 하느냐?" 이때 다른 제자들 눈치를 보지 않고 먼저 대답한 사람이 베드로이다. 동료들 앞에서 확실하게 신앙 고백을 하였다 "주는 그리스도시요 살아 계신 하나님의 아들이시니이다" 마 16:16. 예수님을 따라다니던 베드로에게 신앙의 뿌리가 내리기 시작한 후에는 예수님이 자기 삶에 어떤 분인지를 분명하게 확실히 고백하였다. 기독교 역사의 수많은 제자들도 베드로와 동일한 신앙고백을 하였다. 이것이 베드로가 남긴 레거시이다.

2. 도망가는 비겁자의 옷을 벗어버리고 헌신의 옷을 입은 순교자

3년 동안 예수님을 따라다녔지만 예수님이 잡혀 십자가를 지고 가실 때에 베드로는 세 번 예수님을 부인했던 도망가는 '비겁자'였다 요 18:15-18, 25-27. 죄책감과 좌절감에 빠져 고향으로 돌아가 허탈하게 물고기를 잡던 베드로를 예수님은 개인적으로 만나 사명을 회복시켜 주시며 그 인생의 마지막을 예언해 주셨다 요 21:18-19. 베드로는 예수님의 발자취를 따라서 기꺼이 순교의 길을 걸어갔으며, 후대들에게 예수님의 발자취 In His Step 를 따라 가는 것을 레거시로 남겼다 벧전 2:21.

3. 설득력 넘치는 소통자

어부로 성장한 베드로는 생각보다 감성과 행동이 앞선 사람이었다. 예수님이 십자가의 죽음에 대한 예언을 하셨을 때에 급하게 예수님을 붙들고 "주여 그리 마옵소서"라고 일방적으로 항변했던 베드로는 대제사장의 한 여종에게 한 방의 펀치를 맞았고 말문이 막혔다 요 18:26-27.

오순절 성령이 오셨을 때 베드로의 언어 영역에는 큰 변화가 생겼다. 설득력 넘치는 소통자로 재탄생하였다. 자신이 믿고 있는 성경과 예수님에 대하여 역사적으로 체계적으로 대상에 맞게 소통하여 3,000명이 개종을 하였다 행 2. 공회 앞에서 질문을 받았을 때에도 떨지 않고 담대하게 소통하였다 행 4. 베드로는 후대들에게 항상 온유와 두려움으로 복음에 대한 소통을 준비하도록 격려했다 벧전 3:15. 또한 베드로는 베드로 전서, 베드로 후서를 쓰고 설득력 넘치게 독자들과 소통하였다. 입과 손으로 자신이 설명하고 싶은 내용을 설득력 있게 소통하는 자로 변화된 것이다. 설득력 있게 소통되지 않는 진리는 다음 세대로 계승되지 않는다.

레거시 기도

2. 안드레

"네트워크의 촉매제"

'안드레'에게 배우는 레거시는 "네트워크의 촉매제"이다.

다른 사람의 유익을 위해 자신을 기꺼이 희생하는 사람을 촉매제 같은 사람이라 하고, 신앙의 계승은 선대가 후대에게 촉매제의 역할을 할 때에 가능하다. 안드레라는 이름의 뜻은 "남자답다" 또는 "용감힘"을 의미하는 헬라어 안드레스에서 피생되었다 Leslie B. Flynn, The Twelve: Discover the unvarnished truth about the ordinary men Jesus chose. Victor Book, 1989, p. 37. 안드레는 형제 베드로와 물고기를 잡는 어부였다.

안드레는 영적 호기심 지수가 높아 세례 요한의 가르침에 매력을 느끼고 그를 따르는 제자가 되면서 촉매 역할을 했던 요한에게서 많은 가르침을 받았다 요 1:40. 그러나 세례 요한은 예수님이 어떤 분인지 안드레에게 명확하게 설명해 주며 그를 예수에게 기쁨으로 보내주었다 요 1:36. 이 사건이 안드레의 삶에서 예수님과 첫 만남이 되었고 그의 인생을 송두리채 바꾸었다 요 1:39. 영적 분별력이 발달하였던 안드레는 예수님과의 첫 만남에서 그 분이 자신이 기다리던 메시아인 것을 즉시 알았다 요 1:41.

신약 성경에 안드레의 이름은 13번 나온다. 그에게 3번의 중요한 사건이 있었다. 첫째, 안드레는 베드로에게 촉매제 역할을 했다. 예수님을 가장 먼저 만난 안드레는 즉시 형제 베드로에게 예수님을 소개하여 예수님을 만날 수 있도록 촉매제 역할을 했다 요 1:41-42. 둘째, 안드레는 오병이어 기적에서 촉매제 역할을 했다. 보리떡 다섯개와 물고기 두 마리를 소유한 소년을 예수님께 연결하여 만나도록 하였다 요 6:8-9. 셋째, 안드레는 헬라인 선교에 촉매제 역할을 했다. 예수님께서 십자가의 길을 가기 위해서 예루살렘에 입성하였을 때 예배하러 온 헬라인 몇 사람이 빌립에게 예수님 뵙기를 부탁했다. 빌립은 안드레에게 말하였고, 안드레는 빌립과 함께 그들을 예수님께 즉시 연결하는 역할을 하였다 요 12:20-22. 안드레는 네트워크의 전문가이다. 기독교 전설에 의하면 안드레는 주후 60년에 X 형태의 십자가에서 순교했다

Nancy Dawson, All the Genealogies of the Bible, Zondervan Academic, 2023, p. 421.

안드레가 남긴 "네트워크 촉매제" 레거시의 구체적인 특징은 다음과 같다.

1. 높은 영적 호기심을 가지고 리더를 적극적으로 따르는 자 요 1

항상 배우는 자의 마음 자세로 세례 요한을 따라 배웠고 또한 예수님을 따라 배웠다. 새로운 것을 배우는 것과 새로운 스승을 따르는 호기심이 있었다. 새로운 네트워크를 창조하여 새 사람들을 만나는 연결에 마음이 활짝 열려 있었다. 안드레는 열린 관계에 익숙했다.

2. 촉매제 역할에 대한 좋은 멘토링을 받고 실천한 자 요 1; 눅 3:16

세례 요한의 레거시는 안드레에게 직통으로 계승되었다. 예수님은 흥하고 자신은 쇠하여야 한다는 가치관을 세례 요한의 멘토링을 통하여 배운 안드레는 다음 세대가 흥하기 위해서 자신이 낮아지는 위치에 가는 것을 불편해 하지 않았다. 세례 요한처럼 안드레도 하나님이 허락하신 무대에 등장했다가 자연스럽게 무대 뒤로 물러났다. 안드레 자신의 흔적보다 예수님의 흔적만 남기고 조용히 무대를 떠난다. 예수님은 세베대의 아들 야고보와 요한보다도 베드로와 안드레를 한 발짝 앞서 사람 낚는 어부로 부르셨지만, 예수님의 산상 변화 마 17:1; 막 9:2 와 중요한 사건 막 5:37; 눅 8:51 에 안드레는 빠져 있다. 안드레는 서열 최고의 위치보다 최선의 촉매제 역할을 추구했다.

3. 다음 세대 리더를 세우는 자 (요 1; 6; 12)

베드로를 주님의 제자로 세우는데 촉매제로 쓰임 받았고, 보리떡 다섯 개와 물고기 두 마리의 소유자였던 소년에게 예수님 만나는 기적을 체험하게 하였으며 그의 삶에 큰 영향을 끼쳤다. 그리고 이방인이었던 헬라인들에게 예수님을 만날 수 있도록 연결하여 이방인 선교에 촉매제가 되었다. 기독교 전설에 의하면 그 헬라인들 가운데 누가복음과 사도행전의 저자인 누가가 있었다고 한다 Leslie B. Flynn, The Twelve: Discover the unvarnished truth about the ordinary men Jesus chose. Victor Book, 1989, p. 42.

레거시
기도

3. 야고보 세베대 아들

"희생의 자리에 먼저 나감"

'야고보'에게 배우는 레거시는 "희생의 자리에 먼저 나감"이다.

어부였던 세베대 아버지에게 야고보라는 이름을 받았다. 동생은 요한이었다. 야고보라는 이름은 "야곱"이라는 이름에서 유래했으며 히브리어로 야곱은 "야콥"으로 '대체하는 자' 혹은 '다른 것을 대체하는 것'을 의미한디.

야고보는 부유한 가정에서 태어나 아버지의 직업을 따라 어부로 그물을 깁고 있을 때 동생 요한과 함께 예수님 부르심의 초대를 받고 즉시 제자의 첫 걸음을 시작하였다 마 4:21. 야고보는 그의 동생 요한의 불 같은 성격을 꼭 닮았다. 어느 날 사마리아 지역을 예수님과 함께 지나갈 때에 유대인인 자신들이 문전 박대를 당하는 상황에서 민족적 감정을 폭발하기도 하였다 눅 9:51-55. 또한 야고보는 다른 10사도 보다 높은 위치에 오르고 싶은 인간적 욕망이 있었고 이는 다른 사도들을 분노하게 하여서 12 사도 팀의 냉전을 불러 일으키기도 하였다 마 20:24.

그러나 예수님은 이 사건을 통하여 야고보에게 세상과는 다른 역문화적인 하나님 나라의 가치관을 가르친다. "크고자 하면 섬기는 자가 되자. 으뜸이 되고 싶으면 종이 되어라" 막 10:44. 그 순간에는 야고보가 그 말씀의 깊이와 의미를 깨닫지 못하였지만, 예수님 부활 후 40일 동안 하나님의 나라에 관해 집중 복습을 하면서 행 1:3 그 가르침을 온전히 깨닫고 새롭게 변화되었다 요 14:26.

야고보의 "희생의 자리에 먼저 나감" 레거시의 구체적인 영역은 다음과 같다.

1. 질투하지 않고 경쟁하지 않는 삶

희생의 자리에 나가는 사람은 다른 사람과 경쟁하지 않고 자신의 삶에 집중한다. 더 많이 더 빨리 희생의 자리에 나가지 못한 자신을 돌아본다. 질투의 마음으로 남들을 보는 것에는 관심이 없으며, 다른 사람에 관해 이야기하는 무리에는 휩쓸리지 않는다.

야고보는 명예의 자리에 먼저 나가는 자가 아니라 희생에 자리에 나가는 자로 변화하기 시작하였다. 명예의 자리는 질투하게 만들지만 희생의 자리는 감투에 관심이 없다. 복음서 시대에 사도들의 이름을 기록 할 때는 야고보의 이름이 요한 앞에 나온다. 출생 서열이 요한보다 더 높았다. 그런데 의사 누가가 사도행전에는 야고보의 이름이 요한의 이름 뒤에 기록하였다 ^{행 1:13}. 동생 요한이 베드로와 함께 초대교회에 핵심 리더로 등장할 때 동생을 질투하지 않고 야고보는 앞에서 나서는 위치가 아니라 뒤에서 섬기는 자리에 기꺼이 먼저 나갔다.

2. 겸손한 배움의 자세를 남김

조직 서열적으로 사도가 집사 보다 높은 위치이기에 집사는 사도에게 배운다. 그런데 사도였던 야고보는 겸손하게 집사였던 스데반에게 배웠다. 배움에는 서열이 존재하지 않는다. 예루살렘 교회가 시작하여 폭발적인 성장을 하였다. 그 성장과 함께 찾아온 핍박에 의하여 첫 순교자가 생겼다. 사도가 아닌 평범한 스데반 집사이었다 ^{행 7}. 스데반 집사는 순교를 통하여 예루살렘 교회에게 '희생의 자리에 먼저 나감' 레거시를 남겼다. 예루살렘 교회에 내부 문제가 일어났을 때 ^{행 6} 교회는 7명의 집사들을 추천하였고 그들을 안수 기도한 사도들 가운데 한 사람이 야고보였을 것이다. 사도 야고보는 스데반 집사를 안수하고 기도하지 않았을까?

야고보는 스데반의 순교를 목격하며 충격적인 생각이 들었을 것이다 "내가 안수

기도한 스데반 집사가 먼저 순교를 당하다니! 예수님, 사도인 나는 어떤 마음의 자세로 살아가야 하죠?" 스데반의 순교는 교회를 핍박하던 사울에게 인생의 전환점이 되는 사건이었으며 또한 야고보에게 충격적인 임팩트를 남긴 사건이 되었다. 야고보의 머리에는 스데반이 순교할 때 외친 마지막 두 가지 기도가 떠나지 않았다. "주 예수여, 내 영혼을 받으시옵소서, 주여 이 죄를 그들에게 돌리지 마옵소서." 행 7:59-60. 스데반의 순교의 기도를 배운 야고보는 자신이 순교할 때 동일한 기도를 드리지 않았을까? 위치가 높아지고 나이가 들수록 야고보처럼 겸손하게 젊은 다음 세대에게 배워야 한다.

3. 자신의 죽음을 바침으로 다음 세대에게 생명의 열매를 남김

"한 알의 밀이 땅에 떨어져 죽지 아니하면 한 알 그대로 있고 죽으면 많은 열매를 맺느니라" 요 12:24. 예수님의 이 말씀을 야고보는 그대로 순종하였다. 12 사도 가운데 첫 열매가 되었다. 나머지 사도들도 거의 다 순교하게 되는데 야고보가 그 대로를 열었다.

예루살렘 교회는 스데반의 순교와 더 많은 핍박으로 인하여 제자들이 예루살렘을 떠나 유대와 사마리아 지역으로 흩어지기 시작하였으나, 사도들은 예루살렘에 남아 있었다 행 8:1. 약 13-14년이 지났을 때 핍박이 찾아왔다. 야고보는 사도들 가운데 가장 먼저 주후 44년 헤롯 아그립바 왕의 명령으로 칼에 순교를 당한다 Nancy Dawson, All the Genealogies of the Bible, Zondervan Academic, 2023, p. 422. 하나님 나라에서 예수님 옆자리에 앉기를 요청했던 야고보가 예수님 옆으로 가장 먼저 가서 앉은 사도가 되었다.

레거시
기도

4. 요한 세베대 아들

"인생 마지막에 최상의 영적 영향력을 발휘함"

'요한'의 레거시는 "인생 마지막에 최상의 영적 영향력을 발휘함"이다.

어부사업을 하던 아버지 세베대의 두 번째 아들이고 야고보의 동생이었던 요한은 "우뢰의 아들"이라는 별명을 예수님께 받은 자였다. 요한의 이름은 히브리어 "요하난" Yohanan 에서 유래했으며 그 뜻은 "하나님은 은혜로우시다" God is Gracious 라는 의미이다.

형 야고보는 젊은 나이에 순교했지만 반대로 요한은 사도들 중 가장 오래 살았던 사도이다. 그렇다면 장수한 요한은 우리에게 어떤 레거시를 남겼는가? 요한은 인생의 마지막이 가장 빛나는 황금기였다. 젊었을 때보다 유동성은 떨어지고 행동은 느려지고 머리카락은 흰색으로 변했지만 그의 영적 집중력과 다음 세대를 위한 마음은 청청했다.

사도 요한이 남긴 "인생 마지막에 최상의 영적 영향력을 발휘함' 레거시의 모습은 다음과 같다.

1. 완전히 변화된 성품
'우뢰의 아들'이라는 과거의 이미지를 벗어 버리고 사랑의 사도의 모습으로 변화되었다. '사랑'이라는 단어가 가장 많이 나오는 신약의 책은 요한이 쓴 요한복음과 요한일서이다. 하나님은 사랑이다 요일 4:8. 그리고 진정한 예수의 제자 공동체의 특징은 사랑이라는 예수님의 가르침을 기억하고 기록하였다 요 13:34-35.

요한은 자기 이름의 뜻대로 하나님의 은혜로우심을 자신의 글에서 강조했다. 사복음서 중에서 은혜라는 단어가 처음 소개된 것은 요한복음이다. 요한복음 1장에 은혜를 소개하였고, 그가 기록한 마지막 성경책인 계시록은 하나님의 은혜로 마치고 있다 계 22:21. 그는 인생 마지막에 자기 이름의 의미대로 하나님의 은혜로 변화된 사도가 되었다.

예수님의 우편에 앉아서 다른 사도보다 높아지고 싶어했던 요한은 자기가 쓴 요한복음에서도 자기의 이름을 직접 드러내지 않고 커튼 뒤로 숨었다. 요한은 자신을 세베대의 아들로 요 21:2 또한 예수께서 사랑하는 제자 요 13:23; 21:20 로 표현하였다. 오랜 세월을 지내며 낮은 자리로 내려간 겸손한 제자가 되었다. 인생 마지막에는 밧모 섬에 유배를 당하여 계 1:9 불편한 환경이었지만 불평하지 않고 인내하였으며, 그 곳에서 하나님의 종말적 계시를 받는 준비된 그릇 즉 숙성된 사도가 되었다.

2. 소외된 영혼들을 관심있게 배려

요한은 12사도 가운데 나이가 가장 어린 막내였다. 3년 동안 예수님을 따랐던 12 사도들과 오랜 시간을 함께 보냈다. 그리고 예수님과 수많은 대화를 나누고 그의 사역을 목격하였다. 사복음서 가운데 유일하게 12 사도의 이름을 기록하지 않는 복음서가 요한복음이다. 마태, 마가, 누가는 명확하게 12 사도의 이름을 기록하였는데, 요한은 왜 사도들의 이름을 열거하지 않았을까? 아마도 사도 요한은 마태, 마가, 누가복음을 개인적으로 읽었을 것 같다. 삼복음서에 이미 상세히 기록되었는데 자신이 쓰는 요한복음에 또 기록할 필요를 느끼지 못하였을 것이다.

그리고 요한은 기록되지 않는 다른 사도들의 이야기를 관심있게 기록하였다. 사복음서 가운데 요한복음에만 사도 도마와 빌립 그리고 나다나엘 이야기가 유일하게 기록되었다. 또한 신약에 한 번 나오는 사도 유다 다대오의 스토리 역시 요한이 유일하게 기록하였다 요 14:22. 반면에 형제 야고보 사도에 대한 내용은 요한복음에 이름조차 언급되지 않는다. 자기 자신과 가족이 드러나는 것보다는 소외된 동료들이 없도록 최선으로 배려한 것 같다.

3. 인생 마지막에 후대에게 영적 유산으로 기록하여 남긴 책

요한은 삶이 설익은 젊은 30-40대 때에 글을 쓰지 않고 예수님을 60-70년 따른 후 가장 성숙했을 때 손에 펜을 잡고 꼭 필요한 글을 작성하였다. 요한복음, 요한 1서, 요한 2서, 요한 3서, 그리고 위대한 요한계시록을 성령의 감동으로 썼다. 자기가 쓰고 싶은 글이 아니라 성령의 감동으로 꼭 필요한 글을 남겼다. 사도요한이 남긴 레거시는 오직 성경의 책 5권이다. 사도 요한이 기록한 글은 영원한 레거시로 2,000년이 지나서도 후대에게 전달되었으며 그 책들을 읽는 자들마다 예수님의 생애를 더 깊이 알게 되고, 교회를 사랑하는 예수님의 마음을 이해하며 또한 미래의 소망을 더 기대하게 된다.

레거시
기도

5. 빌립

"호기심 넘치는 단순함"

'빌립'에게 배우는 레거시는 "호기심 넘치는 단순함 simplicity"이다.

빌립은 베드로, 안드레와 같은 지역인 갈릴리 바다 북쪽에 위치한 벳새다 출신 어부였다 요 1:44; 12:21; John D. Currid and David P. Barrett, ESV Bible Atlas, Crossway, 2010, p. 227. 빌립과 안드레는 세례 요한의 직선적이며 단순한 메시지에 매력을 느껴서 그의 제자가 되었다. 빌립은 단순하게 좋은 영적 스승을 따르고 싶었던 것이다.

빌립의 뜻은 '말을 사랑하는 자' lover of horses 이다. 성경에는 다양한 동물들이 등장하는데 특별히 양과 말은 서로 다른 특징이 있다. 양의 특징은 온순하지만 요 1:29; 벧전 1:19 목자가 없으면 쉽게 갈팡질팡하는 고집스럽고 멍청한 동물이다 사 53:6; 마 9:36. 반대로 말의 특징은 순발력 강하고 길들어지면 복잡하지 않은 단순한 동물이다.

빌립은 그 이름의 뜻대로 호기심 넘치는 단순한 제자였다. 평범하게 인생을 살아온 빌립에게 인생의 180도 전환점이 찾아왔다. 자신이 살던 지역에 찾아온 예수님과 첫 만남 때 두 단어 "나를 따르라" 요 1:43 라는 초청을 받아 호기심의 단순한 마음으로 예수님을 따르는 첫 걸음을 시작하였다.

빌립을 통하여 배울 수 있는 레거시는 다음 내용들이다

1. 복음에 대한 단순한 열정

단순함은 무지함이 아니라 호기심의 결단력이다. 예수님의 나를 따르라는 초청을 받기 전에 빌립은 메시아에 관하여 구약 성경에 기초한 기본적인 정보를 축적하여 파악하고 있었다. 구약 성경에 익숙한 빌립은 나사렛 예수님이 모세의 율법과 선지자들이 기다리던 그 '메시아'라는 사실이 단순하게 믿어졌다 요 1:45. 100% 확신이 되어야 믿는 도마 같은 제자가 있는가 하면, 빌립은 몇 퍼센트 확신만 있어도 단순하게 믿는 사람이었다. 빌립도 그 당시 주위 사람들이 가지고 있던 '나사렛에서 선한 것이 나올 수 있을까?'라는 편견이 있었겠지만, 빌립은 예수님의 제자가 되는 단순한 결단을 한다.

빌립의 단순한 결단은 본능적으로 복음의 열정을 솟아나게 했다. 홀로 조용히 예수님 따르는 제자의 삶을 살 수도 있었지만, 그의 복음에 대한 열정은 가나 지역에 살던 나다나엘을 찾아 가도록 그의 발길을 이끌었다 요 21:2. 벳새다에서 가나까지 거리는 하루 종일 걸어야 하지만 Barry J. Beitzel, Lexham Geographic Commentary, Lexham Press, 2017, p. 78, 친구에게 복음의 주인 되신 예수님을 속히 소개해 주고 싶은 단순한 마음으로 그는 친구를 찾아갔다.

'친구여, 내가 나사렛 예수를 만났는데 성경에서 모세의 율법과 선지자가 이야기하던 그 분이야. 나와 같이 그 분을 따라가자." 듣고 있던 나다나엘이 "빌립, 알고 있지 않아? 나사렛에서 무슨 선한 것이 나올 수 있어?"라고 거절하는 나다나엘을 빌립은 포기하지 않고 초청한다. "친구여, 너의 말을 이해한다. 그런데 그분을 한 번 와서 보거라" 요 1:45. 특별한 전도와 선교 훈련을 받지 않았지만 빌립의 솟아나는 복음에 대한 본능적인 열정은 주위 사람들에게 예수님을 소개하지 않을 수 없었다. 예수님에 대한 단순한 믿음이 그것을 가능하게 했다.

2. 상황과 필요를 파악하는 단순한 본능

예수님이 벳새다 지역에서 많은 기적들을 행하셨다 마 11:21. 그 중에 오병이어 기적의 사건이 벳새다 근처에서 일어났다 눅 9:10-17. 오병이어 사건에 특별히 관련된 두 제자가 있다. 빌립과 안드레이다. 시기는 유월절이 가까운 시간이었다 요 6:4. 구약의 유월절은 어린 양의 피로 생명을 살린 구원의 날이다. 큰 무리가 찾아오는 것을 보시고 예수님이 그 지역 출신인 빌립에게 시험이 되는 질문을 던진다 요 6:5-6. "빌립, 우리가 어디서 떡을 사서 이 사람들을 먹이겠느냐?" 예수님의 질문은 어디에서 떡을 구할 것인지가 핵심이었다.

예수님의 질문을 받기 전에 빌립은 예수님과 산에 함께 앉아서 몰려오는 큰 무리를 눈으로 보고 필요한 재정을 이미 머리에서 본능적으로 계산했다. 영혼들의 필요를 채우려는 빌립의 단순한 영적 감각이었다. 그의 머리 속에는 수학적으로 필요한 재정이 계산되었다.

빌립이 머리로 계산하는 상황을 이미 알고 있던 예수님이 빌립에게 어디에(where) 관한 질문을 던진다. 예수님은 어린아이의 도시락을 생각하고 계셨다. 그런데 빌립은 재정에 How much 관한 대답을 한다. 예수님은 재정이 얼마나 필요한지 질문하지 않았다. 그런데 이백 데나리온의 떡도 부족하다고 대답한다 요 6:5-7. 결국 빌립은 오병이어의 기적을 통하여 예수님은 불가능이 없는 하나님의 아들이심을 확실하게 알게 되었다.

빌립이 후세에게 남기는 레거시는 사람들의 필요에 관심을 두는 마음과 삶이다. 빌립은 사람들의 실질적인 필요를 보고 느끼고 그들의 필요를 넉넉히 채우고 싶은 단순한 마음이 있었다. 항상 남들이 어떤 상황에 있는지 관찰하고 파악하였다. 사람들의 필요를 채울 때 느끼는 만족이 그의 기쁨이었다. 우리 주위와 다음 세대가 어떤 필요가 있는지 우리는 정확하게 관찰하고 파악하고 있는가?

3. 접근하기 쉬운 단순한 성품

성격이 까다로운 사람은 접근하기 어려워 사람들이 꺼려하고 성격이 단순한 사람은 접근하기 쉽기에 관계 맺기가 편하다. 예수님께서 십자가의 길을 가는데 갈릴리를 떠나 예루살렘으로 입성하였다. 명절이 가까워 유대인 뿐만 아니라 헬라인 가운데 예배를 드리러 먼 곳에서 예루살렘에 찾아온 몇 사람들이 있었다 요 12:20. 그들이 나사렛 예수님에 대하여 떠도는 이야기를 들었다. 예수님이 예루살렘에 왔다는 소식을 듣고 개인적으로 만나보고 싶었다. 헬라인들은 누구를 찾아가서 물어볼까 고민하는 가운데 자신들이 직감과 본능으로 접근하기 쉬운 사람을 찾았다. 그 사람이 헬라어 이름의 소유자였던 빌립이다. 빌립은 유대인이지만 이름은 헬라어였다.

종교적인 바리새인, 서기관, 대제사장들은 접근하기에 너무 먼 사람들이다. 예수님은 죄인과 이방인이 쉽게 접근하기 쉬운 메시아인 것을 빌립은 옆에서 보았다. 니고데모 같은 거룩한 상류층 남자도 늦은 밤에 예수님에게 쉽게 접근하여 대화하며 요 3, 부끄러운 과거를 가진 사마리아 여인도 정오에 쉽게 접근하여 예수님과 대화했다 요 4. 같은 민족, 같은 문화, 같은 언어 출신의 사람들과 어울리는 것은 쉽다. 그런데 정반대 배경 사람들과 쉽게 어울리는 것은 쉽지 않다. 빌립은 후대에게 접근성이 쉬운 주의 제자가 되도록 건전한 레거시를 남겼다. 외국인들도 꺼리지 않고 쉽게 접근하는 제자가 되어야 한다.

레거시
기도

6. 바돌로매/나다나엘

"투명한 진실성"

'나다나엘'에게 배우는 레거시는 "투명한 진실성 authenticity"이다.

마태, 마가, 누가 복음에는 '바돌로매' 이름으로 기록되었고, 요한복음에는 '나다나엘'로 기록되었다. 아람 Aramaic 언어에서 파생한 '바돌로매'의 뜻은 "탈마이의 아들"이란 뜻이고, '나다나엘'의 뜻은 "하나님이 주셨다 God has given"이다. 나다나엘은 '가나' 지역 출신이다(요 21:2). 가나는 갈릴리 바다의 가버나움 지역에서 서쪽으로 24km 떨어진 거리에 있던 산 언덕에 있던 지역이다 Barry J. Beitzel, Lexham Geographic Commentary, Lexham Press, 2017, p. 78. 성경에서 나다나엘이 언급된 곳은 요한복음이 유일하다.

예수님은 나다나엘을 대면하기 전에 그가 무화과 나무 아래 있는 것을 보았다 요 1:48. 예수님의 눈에는 나다나엘의 진실됨이 보였고, 그는 예수님의 구원과 제자 선택 레이더에 포착되었다.

나다나엘을 통하여 배우는 레거시의 내용은 다음과 같다.

1. 진실한 영성

나다나엘은 이름 뜻대로 하나님이 주신 좋은 선물 가운데 성경을 묵상하고 기도하는 삶에 형식적이 아니라 진실했다. 포장된 종교적 삶이 아니라 진실되게 성경 말씀을 그대로 믿었기에 메시아를 기다리던 사람 중에 한 사람이었다. 나다나엘은 가나 지역에 있는 무화과 나무 아래서 쉼을 가지며 말씀과 기도에 집중하는 삶을 살았다. 이렇게 영적으로 진실되게 삶을 사는 '나다나엘'이 예수님의 눈에 쏙 들어왔다. 영성이 활짝 열린 진실된 사람은 예수님이 반드시 만나 주신다. 무화과 나무 아래서 만들어진 그의 영성은 투명하고 진실하였다. 속에 간사함이 없는 사람이었다 요1:47.

2. 진실한 친구

'나다나엘'은 지역 출신은 다르지만 영적 관심이 비슷한 빌립을 만난 후 친한 친구가 되었다. 하루는 무화과 나무 아래서 개인 묵상 시간을 가지고 있는데 벳새다에 살던 빌립이 약속도 없이 갑자기 찾아왔다. 빌립은 자신이 방금 만난 나사렛 예수를 소개하여 주었다. 나다나엘은 나사렛에서 선한 것이 나오지 않는다는 편견에 사로 잡혀 있었지만, 와서 보라는 빌립의 간청에 진실한 친구 관계를 생각해서 가보기로 결심한다. "빌립, 나 너 믿고 가준다." 빌립을 개인적으로 신뢰하기에 그가 만난 나사렛 예수를 만나보기로 결정하고 두 사람이 발걸음을 같이 하며 걸어서 예수를 찾아갔다.

빌립과 함께 걸어오는 나다나엘을 보시고 예수님은 그 속에 간사함이 없는 사람이라 칭찬을 했다 요1:47. 예수님의 칭찬을 들은 나다나엘은 자신의 귀를 의심하였다. 한 번도 만난 적이 없는데 나를 어떻게 알고 계시지?" 나다나엘은 질문을 하였다. "만난 적이 한 번도 없는데 저를 어떻게 아세요?" 요1:48. 시간과 공간을 뛰어넘은 예수님의 대답을 듣고 나다나엘은 예수님이 하나님의 아들이요 이스라엘의 왕이라 고백한다 요1:49. 그는 베드로가 빌립보 가이사랴 지방에서 선포한 신앙고백보다 훨씬 먼저 예수님을 '하나님의 아들'이라 고백한 제자이다.

3. 진실한 믿음

나다나엘의 고백을 들은 예수님이 그에게 더 깊은 진리를 가르쳐 주신다. "내가 너를 무화과 나무 아래에서 보았다 하므로 믿느냐 이보다 더 큰 일을 보리라" 요1:49. 나다나엘은 그 당시 무슨 뜻인지 명확하게 이해 못했지만 예수님의 말씀을 그대로 믿었다.

사도 요한은 요한복음에서 특별히 가나 지역에서의 예수님의 사역을 유일하게 기록했다. 가나 출신 나다나엘이 예수님과 개인적으로 만난 스토리와 예수님이 행하신 표적의 스토리를 바로 연결하였다. 나다나엘을 만난 후 사흘째 가나 혼인 잔치에 예수님이 가신다 요 2:1. 자기의 고향을 방문하신다는 소식에 나다나엘은 자신의 구원의 소식만큼 기뻤고 기대하였다. "예수님이 우리 마을에 오셔서 어떤 큰 일을 행하실까? 우리 마을에 예수님의 복음이 들어와서 복음화가 되어야 하는데"라는 기대도 했다. 가나 결혼 잔치에서 예수님이 행하신 첫 표적인 일반 물이 최상급 포도주로 변하게 되는 예수님의 표적을 직접 목격했다. 나다나엘은 예수님께서 그에게 '더 큰 일을 보리라'는 약속의 말씀을 가나 결혼 잔치에서 직접 보았다. 이 사건으로 나다나엘의 믿음은 더 진실하게 확고해졌다(요 2:11).

4. 진실한 회복

예수님이 골고다에서 십자가에 못 박혀 돌아가실 때 수제자 베드로를 비롯하여 모든 제자들은 예수님을 버리고 도망갔다 막 14:50. 그 중에 나다나엘도 포함되었다. 예수님은 하나님의 아들이라고 진실되게 고백했던 나다나엘은 자기 인생에서 가장 부끄러운 결정을 했다. 진실되게 주님을 끝까지 따라가야 하는데 예수님이 가장 힘들 때 예수님을 버리고 도망간 후, 찾아온 수치감과 죄책감은 나다나엘의 마음을 무겁게 눌렀다.

이런 상황에 있는 나다나엘을 주님은 개인적으로 만나 주시고 회복시켜 주신다. 부활하신 예수님이 3번째로 제자들에게 나타나 만나 주심을 통하여 나다나엘은 회복된다 요 21:14. 고향 '가나'에 돌아가서 패배자로 조용히 살 수 있었던 나다나엘은 동료 사도들이 모여 있던 갈릴리 바다 근처에 함께 머물고 있었다. 저녁에 베드로가 물고기 잡으러 간다는 말에 다른 동료 5명과 함께 베드로의 배를 탔다. 총 7명의 사도가 저녁부터 고기를 잡기 시작하였다. 밤새도록 한 마리의 고기로 잡지 못하였다 요 21:2-3. 몸은 지쳤고 실적은 하나도 없고 날은 밝아오는데 바닷가에 서 계시던 예수님이 제안을 하셨다 "얘들아, 너희에게 고기가 있느냐? 그물을 배 오른쪽에 던지라 그리하면 잡으리라." 한글 성경에는 '얘들아'로 번역되었지만, 헬라 원문의 단어는 '아이들아' 이다. 나다나엘은 "얘들아 children" 하고 부르시는 예수님의 목소리를 확실히 들었다. 예수님의 인도하신 그대로 그물을 오른쪽에 던졌더니 그물을 들을 수 없을 만큼 많은 물고기를 잡았다. 사도 요한은 잡힌 물고기 숫자가 정확하게 153마리라고 기록하였다 요 21:6, 11. 큰 일을 보리라는 예수님의 말씀을 또 다시 체험하였다.

예수님이 제자들을 위해 생선과 떡을 준비하시고 제자들을 아침 만찬에 초청하였다, "와서 조반을 먹으라." 나다나엘은 숯불에 차가운 몸을 따뜻하게 녹이며 예수님이 준비한 떡과 생선을 먹을 때에 나다나엘은 완전히 회복되었다.

진실된 회복을 체험한 나다나엘은 예루살렘 초대교회 개척에 중요한 멤버로 적극 동참하였다. 사도행전 1장 이후에 나다나엘의 삶은 기록되지 않았다. 기독교 역사에 의하면 나다나엘은 페르시아, 인디아, 아르메니아에서 복음을 전하다가 순교했다고 한다 William Barclay, The Master's men, Abingdon, 1991, p. 107-108.

레거시
기도

7. 도마

"서두름 없는 신중한 결정"

'도마'에게 배우는 레거시는 "서두름 없는 신중한 결정"이다.

'도마'의 이름은 쌍둥이를 의미하는 아람어 '타마' 또는 히브리어 "ta'om"에서 파생되었다.

후대 기독교인들이 사도 도마에게 지어준 별명은 "의심하는 자"로 부정적인 이미지이다. 그러나 의심은 불신이 아니다. 의심은 믿음 없음이 아니며 믿음의 적음도 아니다. 의심은 믿음을 확신의 자리로 이끌어가는 마중물이다. 의심 많은 사람은 다른 사람에 비하여 결정 속도가 거북이처럼 늦어 답답하게 보일 수 있다. 그런데 의심 많은 사람들에게 절실히 필요한 것은 생각할 수 있는 충분한 시간과 과정이다. 도마는 신앙의 느린 걸음을 걷는 사도처럼 보이지만 마음에 확신이 생기면 확실하게 움직인다.

마태, 마가, 누가복음에 도마의 이름은 12 사도 명단에 기록되었으나 예수님이 그를 어떻게 사도로 부르셨는지? 어느 지역 출신인지? 정확하게 기록되지 않았다. 도마도 다른 사도처럼 갈릴리 지역 출신 같다 요 21:2. 예수님이 평범한 도마를 사도로 선택한 이유는 분명 우리가 보지 못하는 영적 안목에 의해서 일 것이다. 사도 요한은 요한복음에 도마에 관한 스토리를 네 군데에 기록하였다.

도마를 통하여 배울 수 있는 레거시 내용은 다음과 같다

1. 설익은 충성심보다 충성된 성숙을 선택하라

요한복음에서 유일하게 예수님이 참석하신 장례식은 베다니 출신 나사로의 장례식이다요 11. 예수님은 베다니의 마르다, 마리아, 나사로를 알고 지내는 관계였고 그들을 사랑했다요 11:5. 예수님이 예루살렘에서 신성모독으로 바리새인들에게 돌 맞고 잡힐 위험에서 벗어나 요단강으로 몸을 옮기셨을 때에요 10:22, 30, 39-40 나사로의 병든 소식이 전해졌다요 11:4. 나사로의 병은 죽을 병이 아니라 말씀하시고 이틀 더 그곳에 머물면서 복음 사역을 계속했다. 이틀 후에 나사로가 살고 있는 베다니 지역 유대로 가자고 예수님이 말씀하신다. 그런데 제자들은 얼마 전에 유대에서 유대인들이 예수님을 돌로 치려는 분위기 때문에 가지 않는 것이 좋은 결정이라 생각했다요 11:8. 제자들의 생각이 틀린 것은 아닌데 단지 예수님을 향한 설익은 충성심이었다. 이런 상황과 분위기 가운데 도마가 갑자기 엉뚱한 선포를 한다요 11:16. 예수님에게 직접 말하는 것이 아니라 다른 제자들에게 말한다 "우리도 주와 함께 죽으러 가자." 의심 많은 도마의 모습이 아니라 이해 부족한 모습이다. 불신앙인의 모습이 아니라 미성숙한 신앙의 모습이다.

예수님은 도마의 제안대로 유대 베다니에 돌아갔다. 설익은 충성심을 보여준 도마의 말에 예수님은 직접 반응하여 가르치지 않고 사건을 통하여 간접적으로 도마에게 확실하게 가르친다. 베다니에서 나사로의 장례식에 도착한 후 예수님은 사도가 아닌 여성 마르다를 통하여 사도인 남성 도마를 깨우치게 한다. "마지막 부활 때에는 다시 살아날 줄을 내가 아나이다. 주는 그리스도시요 세상에 오시는 하나님의 아들이신 줄 내가 믿나이다요 11:24, 27." 도마는 죽음에 초점을 두었다면 마르다는 다시 살아날 생명에 초점을 두었다. 예수님의 십자가 진리를 믿는 것도 중요하지만 매일의 삶에 속에 예수님과 함께 생명력 있게 사는 것은 더 중요한 신앙의 공식이다갈 2:20.

2. 아버지의 집과 예수를 확실하게 선택하라

유월절을 앞에 두고 예수님은 예루살렘에 입성한 후, 마가의 다락방에서 제자들과 제자훈련 마지막 종강 모임을 하신다 요 13-17. 예수님은 그 모임에서 제자들에게 보여주고 요 13, 가르치고 요 13-16, 기도하신다 요 17. 예수께서 저녁 식사를 하면서 가장 먼저 세족식을 진행하셨다. 세족식의 의미를 깨닫지 못한 베드로와 예수님을 배반한 가룟 유다가 등장한다 요 13. 예수님은 배경과 성격이 다른 제자들에게 서로 사랑할 것을 당부하신다 요 13:34-35.

예수님이 곧 제자들을 떠나서 가신다고 설명한다. 가시는 곳은 아버지의 집이다. 그 아버지 집에는 거할 곳이 많은데 예수님이 먼저 가셔서 제자들을 위해 거처를 예비하시고 후에 다시 와서 제자들을 영접하겠다고 가르쳤다. "내가 어디로 가는지 그 길을 너희가 아느니라" 요 14:4 이때에 도마가 솔직하며 진지하게 반응한다. "예수님, 자꾸 가신다고 하시는데 우리는 예수님이 어디로 가시는지 모릅니다", "가시는 장소와 가는 길은 어떻게 알 수 있습니까?"라고 질문했다. 의심이 많아서 질문한 것이 아니라 이해 속도가 늦어서 질문했다. 도마의 질문은 모든 제자들의 마음을 대변했다.

예수님은 도마의 질문에 짜증내지 않고 도마가 중요한 결정을 할 수 있도록 깊은 신학 내용을 설명하신다. 예수님 만이 아버지 집으로 가는 유일한 길, 유일한 진리, 유일한 생명인 것을 명확하게 설명한다. 이제 도마의 두 선택 가운데 결정만 남았다. 아버지의 집을 선택할 것인가? 아니면 이 땅의 집을 선택할 것인가? 예수님의 길을 선택할 것인가? 아니면 세상의 길을 선택할 것인가? 우리도 도마처럼 인생 마지막에 가야 할 곳이 어디인지? 그곳을 어떻게 갈 것인가?에 대해 명확하게 결정해야 한다. 아버지 집에 가는 유일한 길 되신 예수님을 다음 세대에게 확실한 레거시로 남겨야 한다.

3. 한 발 늦더라도 신중한 결정을 하라

예수님이 부활하신 날 저녁, 제자들은 유대인들이 두려워 문을 닫고 한 집에 모여 있을 때 부활하신 예수님이 나타나셔서 평강이 함께 하기를 말씀하셨다 요 20:19. 제자들이 예수님의 손과 옆구리를 보고 죽은 줄 알았던 예수님이 살아나셨으니 정말 기뻤다. 충격 받은 제자들에게 예수님께서 또 다른 충격을 주신다. 이런 상황에서 "아버지께서 나를 보내신 것 같이 나도 너희를 보내노라"는 선교 사명을 주신다 요 20:21. 그리고 예수님이 한 번도 하신 적이 없는 행동을 하신다. 제자들을 향하여 숨을 내쉬었다 요 20:22. 그냥 숨을 쉬시지 왜 하필이면 제자들에게 숨을 내쉬었는가? 그리고 성령 받을 것을 명령하신다 요 20:22. 받는다는 '영접하다'는 단어와 동일하다 요 1:12. 숨을 내쉬는 내용은 신학적 해석이 필요하다. 창세기 2:7절에 하나님이 코에 불어넣으셨을 때 새로운 생명이 창조되었던 것처럼 제자들을 향하여 숨을 내쉬시는 것은 성령이 오심을 상징하는데 성령이 오시면 새로운 공동체가 창조된다는 뜻이다

(Andreas J. Kostenberger, John in Zondervan Illustrated Bible Backgrounds Commentary, Zondervan, 2002, p. 189).

선교 사명과 성령 받는 사명을 예수님이 말씀하신 그 자리에 도마는 없었다. 다른 사람들이 이야기해 주는 내용을 듣고 믿을 수도 있지만 도마는 개인적으로 체험하고 싶은 마음이었다. 일주일 후 제자들이 다시 모인다고 발표했을 때 도마는 빠지지 않고 참석했다. 예수님이 오셨는데 도마가 물어보기도 전에 도마의 마음을 아시고 먼저 도마를 찾아가셔서 '손가락으로 만져보라' 초청하신다. 먼저 찾아오신 예수님에게 마음이 열리기 시작하였다. 예수님을 만날 자격이 없는데 먼저 찾아오셔서 마음의 문을 사랑과 용서로 열어 주셨다. 성경에는 도마가 직접 예수님의 손가락과 옆구리에 넣었는지에 대한 구절은 없다. 예수님이 도마를 초청했는데 도마가 "나의 주님 나의 하나님"이라고 고백하였다. 아마도 무릎을 꿇고 고백하지 않았을까? 그리고 예수님께서 "너는 나를 본 고로 믿느냐"라고 하셨다 요 20:29. 도마는 다른 제자보다 한 템포 늦어 보이지만 신중한 결정을 했다. 그 만남 이후에 그는 남은 생애 동안 예수는 자신의 주시며 왕이신 것을 선포했다. 기독교 역사에 의하면 도마는 나의 주, 나와 왕이라 고백했던 예수님을 전파하기 위해서 인도 남부 지방에 선교사로 가서 교회 개척을 하였다, 그리고 창에 찔린 예수처럼 도마는 창에 찔려서 순교했다.

레거시
기도

8. 마태

"성경적 삶의 우선순위"

'마태'에게 배우는 레거시는 "성경적 삶의 우선순위"이다.

마태의 이름은 '야훼의 선물'을 의미하는 히브리어 '마티야후'에서 유래되었다. 부모님은 마태에게 하나님의 선물이 되는 평생의 삶을 기대하며 이름을 주었다. 마태복음, 마가복음, 누가복음, 사도행전에서 12사도 명단에 기록된 이름은 '마태'이다. 요한복음에는 그의 이름에 대한 언급이 없다.

마태의 또 다른 이름은 '레위'로, 히브리어의 뜻은 '결합하다'이다. 마가와 누가는 마태를 '레위'로 소개하였다. 알패오의 아들 레위 ^{막 2:14} 그리고 세리인 레위 ^{눅 5:27}로 소개되었다. 마태 자신은 마태복음에서 레위라는 이름을 사용하지 않았다. 그가 한 평생 하나님의 선물이 되는 삶을 살려면 어떻게 해야 했을까? 그는 자신이 정하는 삶의 우선순위가 그의 인생의 길을 결정한다는 것을 기억하였다.

마태는 로마 제국의 공무원인 세리라는 직업을 선택하였으며, 갈릴리 지방의 분봉왕이었던 헤롯 안디바 Herod Antipas 아래에서 세리로 지역 주민에게 세금을 걷었다 Nancy S. Dawson, All the Genealogies of the Bible, Zondervan Academic, 2023, p. 424. 그 당시 세리는 유대인으로 로마제국을 위해 일하는 매국노로 낙인찍히고 율법을 어기고 안식일에 일하며 또한 로마 법보다 과한 세금을 착취하여 유대인들에게는 증오의 대상이었다. 그런데 마태의 삶에서 우선순위가 180도 전환되는 사건이 발생했고, 이는 그의 삶을 송두리채 바꾸었고, 이후 마태는 다음 세대에게 성경적 삶의 우선순위를 레거시로 남겼다.

마태를 통하여 배울 수 있는 레거시 내용은 다음과 같다.

1. 물질을 절대로 우선순위로 삼지말라

마태는 수단과 방법을 가리지 않고 돈을 많이 벌어 부자로 살고 있었지만, 사회에서는 왕따 당하는 현실이 그의 마음을 힘들게 했고 죄책감도 들었다. 그러던 어느날 마태 인생을 송두리째 흔드는 사건이 일어났다. 그 날도 다른 날과 동일하게 세관에 앉아 테이블을 펴고 열심히 세금 거두는 업무를 감당하고 있었다. 그런데 자기를 향하여 환하게 웃으며 다가오는 예수님이 마태에게 말을 걸었다. "나를 따르라"라는 자격 없는 자신을 향한 초청에 마태는 주춤하면서 깜짝 놀랐다^{마 9:9}. 마태가 예수님의 초청을 받았을 때 순간적으로 결정을 해야 했다. 따를까? 거절할까? 아니면 변명하여 따르는 결정을 다음으로 미룰까? 하지만 마태는 그 동안 세리로 의자에 앉아서 돈을 우상으로 섬겼던 자리를 박차고 일어났다. "다시는 그 자리에 앉지 않으리라" 결단했다. 죽은 자가 새 생명으로 부활하여 일어난 것과 같았다. '일어났다'^{마 9:9}는 단어와 예수님이 '살아나셨다'^{눅 24:46}라는 단어는 동일한 헬라어이다. 마태의 영이 벌떡 일어나 부활했다. 다시는 물질을 최우선으로 여기는 자리에 앉지 않겠다는 마태의 결심이었다. 히브리서 저자는 신앙의 선배로 후배들에게 "돈을 사랑하지 말고 있는 바를 족한 줄로 알라"고 가르쳤다^{히 13:5}. 핵심 요점은 '물질을 최우선 순위로 삼지 말라'이다. 물질을 최우선 순위로 삼았던 자리에서 벌떡 일어나도록 마태는 신앙의 후배들에게 레거시를 남겼다.

2. 예수님 따르는 제자 되는 것을 최우선 순위로 삼으라

마태는 예수님의 초청에 자리에서 벌떡 일어났다. 그리고 즉시 예수님을 따르는 첫걸음을 시작했다. 예수님 따르는 제자의 삶을 최우선 순위로 삼았다. 다시는 돈을 주인 삼지 않는 신앙의 걸음마를 시작하였다. 돈과 하나님을 동시에 섬길 수 없음도 깨달았다 마 6:24. 보물은 이 땅에 축척하는 것이 아니라 하늘에 쌓는 것이라는 비밀을 깨달았다 마 6:19-20. 예수님의 12 사도 가운데 재정 관리에 가장 적절한 은사와 경험이 있는 사람은 마태였지만 마태 자신은 재정 관리에 관여하지 않았다. 물질의 유혹으로부터 거리를 두며 자신을 보호하는 지혜가 있었다. 결국 재정 담당은 가룟 유다가 책임졌다. 사도 마태는 먼저 그의 나라와 그의 의를 구하는 자에게 예수님이 필요한 재정과 모든 것을 더해주는 예수님의 가르침을 배웠다 마 6:33. 재물에 대하여 걱정하지 않고 주님께 온전히 맡겼다. 현재 재정 상태에 만족하는 삶을 배웠다 마 6:34.

3. 성경을 최우선순위로 삼으라.

마태는 예수님을 따르는 제자가 된 후, 손에 돈 대신 펜을 잡았다. 자신이 3년 동안 예수님 따르면서 듣고 보고 체험한 예수님의 스토리를 성령의 감동으로 기록하였다. 세리로서 세금 액수를 장부에 적었던 경험이 예수님 관한 글을 적는데 도움이 되었다. 사복음서 가운데 마태복음이 구약 성경 말씀을 가장 많이 인용하였다. 마태는 구약 성경을 읽고 내용에 통달하였다. 구약의 선지자들이 예언한 메시아가 예수님이신 것을 확인하였다. 성경은 마태의 발에 등이며 그의 길에 빛이 되었다 시 119:015. 매일 먹어야 하는 식사보다 하나님의 말씀을 더 귀하게 여겼다 욥 23:12. 성경 말씀을 가까이하고 매일 묵상하였다 수 1:8.

마태는 손에 든 펜으로 자기와 배경에 비슷한 유대인들에게 예수님의 계보로 시작하여 예수님의 유언이신 지상 대사명을 빠짐없이 기록하였다. 구약 성경을 삶의 최우선 순위로 삼아서 읽고 묵상할 뿐만 아니라 자신이 직접 쓴 마태복음 성경을 다음 세대에게 최고의 영적 레거시로 남겼다.

레거시
기도

9. 야고보 알패오의 아들

"소리 없는 충성"

알패오의 아들 '야고보'가 남긴 레거시는 "소리 없는 충성"이다.

예수의 12 사도 가운데 동명이인이 있었다. 알패오 아들 야고보는 세베대의 아들 야고보와 이름이 같다. 그 당시 야고보는 흔한 이름이었다. 세베대의 아들 야고보의 스토리는 성경에 여러 군데 기록되었고 사도 가운데 최초 순교자로 훌륭한 레거시를 후대에게 남겼다. 반면에 신약 성경에서 알패오의 아들 사도 야고보에 대한 기록은 전혀 없다. 12사도 명단 안에 야고보 이름이 기록된 것 밖에는 아무런 기록이 없다.

야고보처럼 마태의 아버지의 이름도 알패오였다. 야고보와 마태가 형제 관계인지 성경은 정확하게 설명하지 않지만 형제들을 함께 부르시는 예수님의 패턴을 생각하면 가능성이 있다. 베드로와 안드레 형제, 야고보와 요한 형제를 동시에 부르시는 예수님께서 마태와 야고보가 형제 관계이기에 그들도 동시에 사도로 부르지 않았을까?

예수님이 알패오 아들 야고보를 어떻게 만났는지에 관하여 성경은 기록하지 않았다. 그런데 확실한 한 가지 사실은 예수님께 사도로 선택을 받았을 때 그는 순종하였다. 선택된 자로 예수님과 함께 많은 시간을 보내며 옆에서 개인적으로 예수님을 깊이 알게 되었다 막 3:14. 사역 실습 훈련을 위해서 예수님께서 사도들을 두 명씩 짝지어 파송했을 때 야고보는 복음 전파, 귀신 쫓아냄, 그리고 병자를 치유하는 역사를 개인적으로 체험했다 막 6:7, 12-13. 야고보는 주님이 짝지어준 사도와 함께 소리 없이 자신의 사역 실습을 책임감 있게 감당했다.

야고보가 남긴 "소리 없는 충성"이라는 레거시의 구체적인 영역들은 다음과 같다.

1. 세상의 인정보다 하나님의 인정에 초점

알패오의 아들 야고보는 사도 바울이 쓴 갈라디아서를 읽기 시작하다가 갑자기 무릎을 탁 쳤을 것 같다. 자신의 섬김의 원리를 정확하게 표현한 글을 만났기 때문이다.

"이제 내가 사람들에게 좋게 하랴 하나님께 좋게 하랴 사람들에게 기쁨을 구하랴 내가 지금까지 사람들의 기쁨을 구하였다면 그리스도의 종이 아니니라" 갈 1:10.

성경에 소리 없이 충성한 수많은 증인들처럼 야고보에게 오로지 가장 중요한 인정은 주인 되신 하나님께 인정받는 것임을 확실히 알았다. 주인에게 "착하고 충성된 종아, 잘하였도다" 인정의 소리를 듣는 것이 그의 최고의 만족이었다. 세상 사람들이 인정해 주지 않아도 전혀 공동체 안에서 삐지거나 화평을 깨지 않았다. 크고 화려한 레거시를 남기지 않았지만 그가 떠난 자리에는 그의 레거시 흔적보다 예수님의 흔적이 남아있다. 이 세상에서는 소리 없고 이름도 드러나지 않는 사람이었지만 하나님은 그의 이름을 잊지 않고 계신다 시 139. 이 땅에서는 무명의 존재였지만 예수님에게는 충성된 사도로 인정받는 유명의 존재였다. 사람에게 인정받는 것을 기대하지 않으면 신앙 생활이 청청하고 많이 열매를 맺는다.

2. 경쟁구조가 아니라 협력구조

소리 없이 충성하는 자는 경쟁하지 않고 협력한다. 하나님께 인정받는 자는 사회의 존칭, 직분, 서열을 중요시하는 경쟁구조보다 기능과 역할을 중요시하는 협력구조에 초점을 둔다. 야고보에게는 베드로 같은 수제자의 존칭과 서열보다 예수님의 제자다운 삶을 살아내는 것이 우선 목적이었다. 베드로와 세베대의 아들 야고보가 할 역할과 알패오의 아들 야고보가 감당할 역할이 달랐다. 서로 다름이 협력하게 한다. 그래서 그는 다른 제자들과 경쟁하지 않았다. 예수님의 오른쪽 혹은 왼쪽에 앉는 위치에 별로 신경 쓰지 않았다. 예수님 뒤에서 따라가는 자체가 즐거웠다.

다른 제자들보다 늦게 예수님을 믿었고 사도 서열이 낮다고 수동적인 제자의 삶을 사는 세상적 유혹에 빠지지 않았다. 적극적으로 하나님의 나라에 누수 형상이 일어나지 않도록 빈 자리를 메웠다. 절대로 예수님의 12 사도 가운데 홀로 독불장군처럼 행동하지 않았다. 공동체의 유익을 위해서 자신의 이익을 뒤로 하였다. 야고보의 성격은 수수하고 무던했을 수 있다. 고집세고 완고한 성격보다 유동성과 융통성이 넘치는 성격으로 사도 공동체에서 자신 때문에 문제는 일어나지 않았다.

3. 잘 끝마침

야고보의 이름은 생명책에 기록되었고 한 평생 사도의 직분을 충실히 감당하였다. 초대 예루살렘 교회에 창립 멤버로 소리 없이 충성스럽게 자리를 떠나지 않고 지켰다. 어떤 어려움을 당해도 항상 인내하고 마지막까지 사명대로 신앙과 사역을 끝마쳤다. 쟁기를 들고 뒤돌아보지 않았다 눅 9:62. 데마처럼 부르심의 대로에서 중도 하차하지 않았다 딤후 4:10. 사도 바울처럼 선한 싸움을 싸우고 달려갈 길을 마치고 믿음을 지켰다 딤후 4:7.

알패오 야고보에 대한 기독교 전설은 페르시아에서 복음을 전파하는 사역을 했고 후에 십자가에 못 박혔다고 한다 William Barclay, The Master's men, Abingdon, 1991, p. 117. 예수님의 교회가 세워지는 과정에서 터의 역할을 영광스럽게 감당했다 엡 2:20. 새 예루살렘의 성곽의 열두 기초석 위에 열두 사도의 이름이 기록되었는데 그 가운데 한 기초석은 알패오의 아들 야고보의 이름이 새겨있다 계 21:14. 얼마나 영광스러운 끝마침의 레거시인가?

야고보는 인생의 시작은 알패오 가문의 아들로 시작했다. 이 땅에서 수많은 사람은 야고보처럼 조상의 혈육에 따라 가문의 자손으로 태어나 인생을 시작하고 마친다. 그런데 야고보는 예수 그리스도의 자녀와 사도의 신분으로 인생을 마쳤다. 그리고 인생 마침 후에 영원한 세계를 예수님과 동행하고 있다. 어떤 정체성으로 인생을 마치는지가 레거시 계승의 성패를 좌우한다. 야고보 인생의 출발은 미약하였지만 인생의 마침은 강력했다.

레거시
기도

10. 다대오 유다

"칭찬받는 마음의 자세"

'다대오 유다'가 남긴 레거시는 "칭찬받는 마음의 자세"이다.

성경에 유다의 이름을 가진 사람이 여러 명 있다. 예수의 12사도 중에는 '유다'라는 이름을 가진 사람이 2명 있었다. '다대오'의 이름을 가졌던 유다와 가룟 유다이다. 두 사람은 같은 이름 때문에 혼돈 가능성이 있어서 마태복음과 마가복음에는 유다를 '다대오'라는 이름으로 기록하였다. 누가복음은 야고보의 아들 유다로 기록하였고 눅 6:16, 요한 복음에는 가룟이 아닌 유다로 기록되었다 요 14:22. 신약 성경에 야고보의 아들 사도 유다에 대한 기록은 거의 없다. 12 사도 명단 안에 다대오 혹은 유다 이름으로 기록된 것과 예수님께 질문 하나 한 것 외에는 다른 기록이 존재하지 않는다 요 14:22.

다대오 이름은 '어머니의 마음, 심장'을 의미하는 아람어 '타다야'에서 파생됐다 Gene A. Getz, The Apostles: Becoming Unified Through Diversity, Broadman & Holman Publishers, 1998, p. 157. '유다'의 뜻은 '찬양 받는 자', 혹은 '칭찬 받는 자'이다.

예수님과 유다의 첫 만남은 어떻게 이루어졌는지 또한 유다 삶의 어떤 부분을 보시고 사도로 선택하였는지 성경은 기록하지 않았다. 12 사도 선택 전에 예수님은 유다를 유심히 관찰하였을 것이며 산에 오르사 기도를 한 후에 신중하게 결정하여 유다를 12사도 가운데 한 명으로 부르셨다 막 3:13.

다대오인 유다가 남긴 "칭찬받는 마음의 자세"라는 레거시의 구체적인 영역들은 다음과 같다.

1. 마지막까지 겸손하게 배움의 자리를 지킴

배움을 중단하면 늙는다. 끝임없이 배우는 마음의 자세를 소유한 자는 늙지 않고 젊어진다. 다대오 유다는 예수님의 사도로 선택 받은 순간부터 배움의 자세를 잃지 않고 3년 동안 예수님을 성실하게 따랐다. 제자는 절대로 배움의 자리를 이탈해서는 안된다. 이 정도 배움이면 충분하겠지 하는 순간 교만해진다. 사도로 섬기기 전에 예수님의 제자로 평생 동안 배움의 자리를 지키는 것이 성경적 레거시를 남기는 제자의 모습이다.

다대오 유다에게 잊지 못할 저녁 식사 모임이 있었다. 예수님께서 마가의 다락방에서 십자가의 죽음을 앞두고 12 제자들과 마지막 저녁 식사를 한다. 식사하기 전에 예수님께서 겉옷을 벗고 수건을 팔에 걸고 제자들의 발을 한 명씩 씻기는 섬김의 리더 모습을 보여 주셨다 요 13:14. 그리고 선포하시기를 한 사람을 제외하고 다대오 유다를 포함한 모든 제자들이 깨끗하다 선포하신다 요 13:10. 식사 중에 가룟 유다는 예수님이 주는 떡 한 조각을 받아서 먹은 후 일어나 홀로 먼저 떠나갔다 요 13:30. 그러나 '다대오 유다'는 배움의 자리를 끝까지 지켜서 예수님의 주옥 같은 가르침을 받았다 요 13:31-17:26. 그 결과 두 사람의 인생은 정반대 방향으로 향했다. 다대오 유다는 칭찬받는 길을 갔고 가룟 유다는 칭찬 없는 길을 갔다.

2. 마지막까지 겸손하게 마음지킴

마귀는 우는 사자같이 두루 다니며 삼킬 자를 찾고 있다 벧전 5:8. 마귀의 간계가 예수님의 제자들 주위에 항상 맴돌고 있다 엡 6:11. 이런 영적 전쟁의 공격 가운데 끝까지 마음을 온전히 지켜야 한다. 마음 지킴이 생명을 보호하는 것이다 잠 4:23. 마음을 하나님께 복종시킬 때에 공격해 오는 마귀를 대적할 수 있다 약 4:7.

다대오 유다와 가룟 유다는 예수님의 12 사도 그룹에서 많은 시간을 함께 보냈다. 그런데 두 사람이 남긴 레거시가 정반대인 이유는 마음지킴의 차이에도 있다. 가룟 유다는 마음을 보호하지 못하여 마귀가 예수님을 팔 생각을 그에게 넣었다 요 13:2. 마음의 문에 영적 파수꾼을 두어 마귀가 들어오지 못하도록 경계해야 하는데 마음문이 허술하게 활짝 열려 있어 사탄이 그의 마음으로 마음대로 들어가 자리를 잡았다 요 13:27. 그는 마음을 지키지 못하여 생명을 잃었다.

다대오 유다는 마음을 끝까지 지켜 이름 그대로 예수님께 칭찬받는 레거시를 남겼다. 사단이 두려워하는 예수님을 따르는 제자이며 또한 귀신을 쫓아내는 능력을 예수님으로부터 받은 제자들이기에 마음지킴을 허술하게 할 수 없다. 예수님을 따른 세월이 길며 또한 예수님을 친밀하게 가까이 따라갈수록 마음은 더욱 강력하게 지켜야 한다. 특별히 나이가 들어갈수록 서로의 마음을 지켜주는 영적 동지들이 절대적으로 필요하다.

"기름과 향이 사람의 마음을 즐겁게 하나니 친구의 충성된 권고가 이와 같이 아름다우니라" 잠언 27:9

3. 칭찬받는 끝마침

마가의 다락방 모임에서 다대오 유다는 엉뚱한 질문을 예수님에게 던졌다 요한 14:22. "주여 어찌하여 자기를 우리에게는 나타내시고 세상에는 아니하려 하시나이까?" 이 질문은 성경에 기록된 유일한 유다의 질문이다. 예수님은 제자훈련 전략으로 적절한 질문들을 종종 사용하셨다. 복음서에 예수님이 하신 질문이 300개 이상 기록되었다. 정답을 주는 것보다 질문을 던져 제자들이 스스로 답을 찾을 수 있도록 도왔다. 예수께서 다대오 유다의 엉뚱한 질문을 듣고 그를 칭찬하거나 책망하지도 않았다. 그의 엉뚱한 질문을 통하여 유다를 포함한 함께 있던 10 사도들이 예수님의 가르침을 한 번 더 듣게 되었다. 예수님은 그와 다른 제자들에게 배움의 기회를 만들어 주었다.

유다는 예수님께서 이 땅에 하나님의 왕국을 세우러 오셨기 때문에 온 세상에 드러나야 한다고 생각했다. 전형적인 유대인들이 기대하던 정치적 하나님의 왕국이었다. 그런데 예수님은 제자들에게만 보여주고 드러내셨다 요 14:21. 세상적인 방법과는 전혀 달랐다. 그 당시 유다와 다른 사도들은 예수님의 전략을 거의 이해 못했다. 성령님이 사도들에게 임한 후에 그들은 깨달았다 행 2. 예수님의 전략은 사도 12명이 성령의 권능을 받고 땅 끝까지 증인이 되어서 예수님을 드러내는 것이었다. 예수님께 충분한 가르침을 받은 유다는 성령의 충만함을 받고 예루살렘 교회에서 새 성도들에게 예수님께 배운 그대로 가르쳤다 행 2:42.

유다의 죽음에 대한 전설들이 있는데, 여러 지역에서 복음을 전하고 성경을 가르치다가 화살에 맞아 순교하였다고 한다 Leslie Flynn, The Twelve: Discover the unvarnished truth about the ordinary men Jesus chose, Victor Book, 1989, p. 113. 결국 "착하고 충성된 종아 참 잘하였다"는 칭찬받는 끝마침으로 천국에 입성하여 예수님 앞에서 섰다.

레거시
기도

11. 시몬

"복음의 열정으로 세상 바꿈"

사도 '시몬'이 남긴 레거시는 "복음의 열정으로 세상 바꿈"이다.

로마 제국이 이스라엘을 다스리던 시대에 시몬이 태어났다. 시몬은 히브리어로 "듣고 있는"이라는 뜻이다. 시몬의 개인적 배경은 성경에 하나도 기록되지 않았다.

신약에서 시몬에게 붙어 다니는 별명은 "가나나인" 혹은 "셀롯"이었다 마 10:4; 막 3:18; 눅 6:15; 행 1:13. '가나나인'은 아람어를 헬라어로 음역한 것으로 "열심 있는 사람"이라는 뜻이다 Michael Wilkins, Disciples in Dictionary of Jesus and the Gospels, InterVarsity Press, 1992, p. 181. 셀롯 Zealot 은 헬라어로 '열정으로 불타는 자'라는 뜻이다. 시몬은 하나님에 대한 굽히지 않는 충성과 로마제국에 대한 격렬한 증오가 있었다.

시몬이 예수님을 어떻게 처음 만났는지 또한 예수님은 시몬을 어떻게 사도로 선택했는지는 성경에 기록되지 않았다. 예수님은 열정 있는 자를 선택한 후, 그 열정의 방향을 재조율하여 하나님 나라의 방향에 맞추어 사용하신다.

열심당원 시몬이 남긴 "복음의 열정으로 세상 바꿈" 레거시의 구체적인 영역들은 다음과 같다.

1. 정치적 열정을 복음의 열정으로 바꿈

시몬은 열정 넘치는 민족 애국자로 매일 밤을 지새우며 이스라엘이 어떻게 정치적으로 독립할 수 있을까 고민하며 전략과 계획을 짰다. 그런데 예수님의 가슴을 후벼내는 메시지를 들은 시몬은 마음이 조금씩 움직였다 "회개하라, 천국이 가까이 왔느니라" 마 4:17. "온유한 자는 복이 있나니 그들이 땅을 기업으로 받을 것이요" 마 5:10. 가슴에 증오와 복수심으로 살아가던 시몬에게 뒤통수를 망치로 내려치는 말씀이었다. 예수님의 가르침을 귀담아 듣는 과정을 통하여 시몬은 나사렛 출신 예수님에게 매력을 느끼며 그분을 따라가는 과정에서 손으로 잡고 있던 칼을 서서히 내려놓기 시작했다.

시몬에게 잊지 못할 사건은 저녁식사 전에 예수님께서 겉옷을 벗고 그의 더러운 발을 씻기고 손으로 수건을 잡으시고 그의 발을 닦아 주시는 예수님의 모습이었다 요 13:14. 예수의 사도로서 다시는 칼을 잡지 않고 섬김의 수건을 잡는 훈련을 통하여 변화가 일어났다. 로마 제국을 온전히 정복하는 방법은 세상의 칼이 아니라 세상을 향한 하나님의 사랑과 섬김의 복음으로 덮는 것이다. 시몬의 가슴 속에 민족 복음화, 세계 복음화를 위한 열정의 불이 활활 타올랐다. 시몬의 정체성은 이스라엘 시민의 신분을 훌쩍 뛰어 넘어 천국 시민으로서 온 세상을 다니며 복음 전하는 자였다.

2. 복음 열정으로 자신을 먼저 바꿈

비전 Vision 의 반대는 디비전 Division 즉 갈라짐이다. 예수님의 비전은 갈등으로 갈라진 이 세상의 모든 디비전을 화평하게 하는 것이다. 유대인과 이방인이 갈라짐 없이 하나되게 하는 것이 예수님의 비전이었다. 무엇보다 하나님과 인간 사이에 갈라진 관계를 십자가로 해결하는 것이 예수님의 최고 비전이었다.

예수님이 선택한 12 사도들의 명단을 보면 비전으로 하나가 되기보다 서로 갈라지기 쉬운 멤버들로 구성되어 있다. 왜, 예수님은 이렇게 서로 완전히 다른 사람들을 12 사도로 선택하였을까? 12 사도 구성원을 통하여 배우는 교훈은 두 가지이다.

첫째는 하나님의 나라는 다양하다. 하나님의 나라는 단색이 아니라 다양한 색깔들로 구성되었다. 사도 바울은 교회를 몸에 비유하여 몸에 다양한 지체가 있다고 설명한다. 열심당원 시몬은 사도로 선택되면서 다양성을 용납하는 지수가 개발되었다. 복음서도 다양한 저자들이 기록하여 사복음서가 있다. 서신서도 사도 바울이 교회에 맞게 다양하게 썼다.

둘째는 예수를 따르는 모든 제자들은 반드시 변화한다. 예수의 사도 팀은 다양한 배경과 성격을 가진 멤버들로 구성되었기에 서로 변화해야 성공적인 팀이 만들어진다. 이기적인 자기중심적 제자가 아니라 팀 중심적 제자로 변화하는 것을 예수님은 기대했다. 가서 모든 민족으로 제자를 세우라는 지상 대명령을 주시기 전에 예수님은 제자들에게 먼저 서로 사랑하는 제자가 될 것을 요청하였다 요 13:34-35. 사랑이 사명보다 앞선다.

열심당원 시몬은 세리 마태와 절대 어울릴 수 없었던 물과 기름 같은 존재들이었으나 성령충만으로 변화되었을 때에 함께 10일 동안 기도하였다 행 1:13-14.

3. 복음의 열정으로 인생 마침

다음 세대에게 선대가 계승할 레거시 중에 중요 영역은 관계 회복이다. 선대들이 엉켜 있는 관계를 풀어주지 않고 인생을 마치면 후대는 선대처럼 동일하게 관계 문제로 고생하게 된다. 시몬은 복음의 열정으로 인간관계를 회복하였다. 그리고 다음 세대에게 화평하는 관계의 레거시를 남겼다. 시몬은 온전한 예배를 드리려면 형제와 화목하는 관계를 가져야 한다는 예수님의 가르침을 순종하여 실천했다 마 5:23-24.

시몬은 자신의 충성심의 대상을 이스라엘 민족에서 예수님에게 옮긴 후, 예수님의 가르침에 따라 로마 제국에 낼 세금은 한 시민으로서 정확하게 지불하며, 하나님께 드릴 헌금은 열정적으로 바쳤다 마 22:21. 하는 모든 일에 열심을 품고 섬겼다 롬 12:11. 예루살렘 교회와 주님의 교회에 기초가 되는 역할을 열정적으로 감당하였다.

기독교 역사 전설에 의하면 양손에 칼을 들어 적들을 서슴없이 죽이려고 했던 시몬이 열정적으로 복음을 전하다가 기독교의 적들 손에 순교 당했다고 한다. 한 번 사는 인생을 민족을 위해 희생적으로 자신을 던지는 것도 고귀하지만 복음을 위해 희생적으로 바치는 것은 더 고귀하다. '민족 애국자'이였던 시몬이 '복음 애국자'로 완전히 변하여 한 생애를 열정적인 삶을 살고 주님 곁으로 가서 영적으로 승진했다.

레거시
기도

12. 가룟 유다

"돈을 친구 삼지 말 것"

'가룟 유다'가 남긴 레거시는 "돈을 친구 삼지 말 것"이다.

가룟 유다는 시몬의 아들로 태어났다 요 6:71. 가룟은 아람어로 '리욧의 남자'라는 의미이고, '그리욧'은 유대 남쪽 지방의 '그리욧 헷스로 Kerioth Hezron' 지역일 가능성이 높다 수 15:25: 렘 48:24, Nancy S. Dawson, All the Genealogies of the Bible, Zondervan Academic, 2023, p. 426. 그렇다면 가룟 유다는 12 사도 가운데 유일하게 갈릴리 출신 사도가 아니었다.

예수님과 가룟 유다의 첫 만남은 어떻게 성사되었는지 그리고 전지전능하신 예수님이 왜 가룟 유다를 선택했는지는 성경에 기록이 없다. 예수님은 가룟 유다에게 거듭날 수 있는 기회를 여러 번 주셨다. 예수의 제자는 돈과 하나님을 동시에 섬길 수 없다는 예수님의 가르침을 들었고, 예수님께서 친히 재물 욕심 없이 심플한 삶 Simple Life 을 사신 것을 눈으로도 목격했다. 3년 동안 꾸준히 예수님을 따라다녔지만 가룟 유다는 결국 재물을 위해 자기 스승 예수님을 팔았다. 주여, 주여하는 자가 다 예수의 제자가 아니다 마 7:22.

가룟 유다가 남긴 "돈을 친구 삼지 말 것" 레거시의 구체적인 영역들은 다음과 같다.

1. 남의 주머니 것을 훔침

예수님은 온 우주와 모든 것을 소유한 주인이지만, 이 땅에서는 소유 없이 사신 분이었다. 사단에게 재물의 유혹을 받았지만 거부하셨다. 예수님은 이 땅에 재물을 축적하려고 오신 분이 아니라 생명까지 다 주기 위해서 오셨다. 자신의 인생 주머니보다 남의 주머니를 채우시는 분이었다.

그러나 예수님이 12 사도들과 함께 사역하는데 재정이 필요했고, 각 성과 마을을 다니면서 복음 전할 때마다 재정 후원자들이 있었다 눅 8:1-3; 막 15:40-41. 12 사도 가운데 가룟 유다가 그 재정 관리하는 책임을 맡았다. 얼마나 영광스러운 역할인가? 예수님의 비전에 맞게 영혼 구원과 제자 삼는 사역을 위해서 재정을 잘 사용하면 얼마나 귀한 섬김인가? 그런데 예수님 사역의 주머니에 가룟 유다가 개인 손을 넣었다. 3년 동안 가룟 유다를 관찰한 사도 요한은 특별히 그를 도둑이라 날카롭게 지적하였다 요 12:5, 6; 13:29. 가룟 유다는 예수님의 가르침을 머리의 지식으로는 알고 있었지만 실생활에서는 돈을 친구 삼아 결국은 돈의 노예가 되었다. 예수님을 친구로 삼은 예수님의 종이 된 11 사도와 그는 완전히 다른 길을 선택했다. 가룟 유다는 예수님을 통하여 재정적인 이득을 추구했던 자의 대표적인 인물이다.

내 주머니에 있는 돈은 나의 것이라 생각하면 미성숙한 영적 오해이다. 나의 주머니도 하나님의 소유이다. 함부로 하나님의 주머니에 손을 넣어서 우리 마음대로 사용하는 것은 돈과 친구 삼았다는 모습이다. 하나님의 소유에는 절대로 개인 손을 대면 안된다.

2. 변화되지 않는 화석화된 마음

돈은 마음을 화석화하여 인간의 영혼을 무감각하게 만든다. 화석화된 마음을 원상태로 복구하는 작업은 어렵기 때문에 예방이 중요하다. 가룟 유다는 3년 동안 예수님의 삶을 눈으로 직접 보고 예수님의 가르침을 두 귀로 들었지만 그의 마음은 전혀 변화되지 않았다.

예수님은 처음부터 가룟 유다가 믿지 않고 예수님을 팔 것을 알고 계셨다 요6:64. 처음에는 믿지 않았더라도 예수님을 따르는 과정에서 믿어야 하지 않을까? 그러나 영적으로 거듭나지 않은 마음은 마귀의 교활한 작전에 휘말려 화석화되고, 가룟 유다가 예수님을 파는 것과 동일한 모습으로 살아 갈 것이다. 예수님은 가룟 유다를 마귀라고 불렀다 요6:70. 그 이유는 예수님을 파는 자였기 때문이다 요6:71. 그는 겉으로는 예수님을 따르는 자의 모습을 보였지만 영적으로 거듭난 제자는 아니었다. 결국 가룟 유다는 12사도 가운데 예수님을 배반하는 레거시를 남겼다.

3. 멸망으로 인생 마침

가룟 유다의 돈 사랑은 그의 삶을 영원히 망쳤다. 유다는 예수님을 배반하고 나서 양심의 가책을 느껴 피 값인 돈을 성전에 던져버리고 목 매달아 죽었다. 대제사장은 이 돈으로 토기장이의 밭을 샀고 예언은 이루어졌다 마27:3-10.

이 땅에서 숨쉬고 살 때 부를 축척하는 것이 죄는 아니지만 제자의 목적은 아니다. 그런데 이 세상을 떠날 때 부가 남아 있다면 하나님을 기쁘게 하는 인생 마침이 아니다. 이 땅에서 하나님이 주시는 축복을 낭비하지 않고 절약하며, 즐기며 감사하며 또한 주머니를 열어서 주위 사람들에게 오른손에 하는 것을 왼손이 모르게 나누어 주는 청지기의 삶을 살아야 한다. 하나님이 맡겨 주신 모든 물질은 청지기로서 하나님의 뜻에 따라서 하나님의 나라를 위하여 몽땅 드려져야 한다. 이 땅을 떠날 때는 빈 손으로 천국에서 주님이 주신 면류관을 받을 준비를 하는 것이 레거시의 삶이다. 너무 많은 부의 축적과 다음 세대에게 지혜없이 많은 부를 넘겨주는 것은 현명하지 못한 레거시이다.

예수님의 11 사도는 땅끝까지 복음 전파하는 대가로 영광스럽게 순교했지만 가룟 유다는 마지막까지 예수님의 마음을 아프게 했다. 그래도 늦지 않았는데 사도로 불러 주신 예수님의 은혜를 생각하고 베드로처럼 회개하고 돌아와야 했는데 자기의 권한도 아닌 자기 목숨을 스스로 단절했다.

레거시
기도

12 사도 팀 구성에서 배우는 레거시 교훈들

성삼위 하나님은 한 팀으로 존재하고 일하신다. 예수님께서 이 땅에서 3년 사역하실 때 드림 팀 Dream Team 을 꿈꾸시고 신중하게 각 멤버를 선택하시고 한 팀으로 세우셨다. 사명의 바통을 계승 받아야 하는 12 사도들을 선택하는 예수의 전략은 독특했다. 세상의 조직과 리더십 팀의 핸드북에 따라서 예수님의 팀 멤버 선택을 개관적으로 평가한다면 전혀 드림 팀의 흔적은커녕 놀림 팀으로 보였다. 예수님께서 12 사도를 부르시고 팀으로 짜는 전략을 통하여 특별한 레거시 교훈을 남겼다.

1. 서열구조가 아닌 기능 구조

동양 문화는 서열 구조이다. 먼저 된 자가 먼저 되고 나중 된 자가 나중 된다. 넘어서는 안 되는 선후배의 정확한 서열 선이 존재한다. 출생 날짜를 통하여 선후배가 결정된다. 어떤 골목이든지 명확한 서열 구조가 있기에 골목대장 문화가 조성된다. 대학, 군대, 회사 입사하는 날짜에 따라서 각자의 서열을 분명하게 구별된다. 서열 구조를 이탈하는 순간 그 사람은 속한 그룹에서 무자비한 왕따 취급을 당한다.

그런데 예수님은 종종 세상의 흐름과는 완전히 반대 방향을 향하여 가는 행동을 하셨다. 예수님 당시 이스라엘의 변질된 문화의 흐름을 거부하고 창조의 원리에 따라서 문화를 회복하셨다. 예수님은 문화 혁명가였다. 하나님의 나라는 세상에 존재하는 서열 구조가 아니라 기능 구조에 기초된 것을 성경에 기록된 12 사도 선택 전략을 통하여 직접 보여 주셨다.

* 안드레와 빌립

예수님을 만난 시간 순서는 12 사도 가운데 안드레와 빌립이 선두이다 요1. 문화적으로 서열 구조에 따른다면 안드레 이름이 12 사도 명단에서 가장 먼저 기록되는 것이 어울린다. 안드레는 예수님을 만난 사도반 1기생으로 수제자가 될 자격이 있었다. 그리고 빌립이 2번째 사도가 되는 것이 당연하다.

예수님의 12 사도들의 이름이 신약 성경에 기록된 순서를 살펴보면 베드로가 항상 안드레보다 먼저 기록되었다. 마태복음과 누가복음에는 안드레 이름을 베드로 바로 다음에 2번째 사도로 기록하였다. 그런데 마가복음과 사도행전에는 안드레 이름이 4번째로 밀려서 기록되었다. 12 사도를 부른 순서에 따르면 안드레가 선두 그룹에 들어가야 하지만 예수님께서 사역하실 때 가장 가까이 시간을 보낸 그룹에는 속하지 못하였다. 예수님의 핵심 사도 3명은 안드레가 아닌 베드로, 요한, 그리고 야고보이었다.

더욱이 빌립 이름은 12사도 명단 가운데 뒤쪽으로 밀려서 항상 5번째 기록되었다. 만약 안드레와 빌립이 서열 문화에 익숙한 전형적인 한국 출신이었으면 사도 팀을 탈퇴했을 것 같다. 자신들의 서열 위치를 빼앗겼다는 생각으로 상대적인 자존심과 수치심 때문에 예수님을 원망하며 이탈했을 것이다. 그런데 안드레와 빌립은 서열을 요구하지 않고 자신들이 맡은 역할과 기능에 평생 충실했다. 안드레와 빌립은 사도 서열의 높고 낮음에 초점을 두지 않고 오히려 각자 맡은 사도 기능을 충실히 감당하는 것에 초점을 맞추었다. 다섯 달란트 받은 종과 두 달란트 받은 종에게 주인은 동일한 상급을 주시는 공평한 분이다. 12 사도 명단에 이름이 뒤쪽으로 기록되었지만 사도 기능적으로는 절대로 뒤쳐지는 사도가 아니었다.

* 요한

마태복음, 마가복음, 누가 복음에 기록된 12사도 명단에서 세베대 아들 야고보 이름이 혈육을 나눈 동생 요한보다 먼저 기록되었다. 그런데 예루살렘 교회 시대가 시작하는 사도행전에는 요한이 형 야고보와 안드레보다 앞에 기록되었다. 요한 이름이 베드로 다음 두 번째 사도로 기록되었다. 시대가 바뀐 상황에 요한 이름이 야고보와 안드레 이름보다 앞서 기록된 현실은 서열 구조가 아님을 분명하게 보여준다. 기능적으로 팀 구조에서 가장 나이 적은 막내동생 같은 사도 요한이 수사도 베드로와 같은 동등한 위치에서 어깨를 나란히 한 동역자로 새 시대를 섬겼다. 사도 요한은 12 사도 가운데 가장 많은 분량의 성경을 기록하였다. 베드로보다 훨씬 많은 성경책을 기록하였다. 사도 요한은 적어도 글을 쓰는 영역에는 두 번째 사도 자리에서 첫 번째 자리를 뛰어넘는 기능을 했다.

* 야고보

서열 구조로 보면 예수님을 3번씩 부인한 수사도 베드로가 가장 먼저 순교하는 것이 걸맞다. 그런데 세베대 아들 야고보는 가장 먼저 순교하는 사명을 받은 사도이다. 순교 순서는 서열 순서가 아니라 사명 순서이다. 나중된 자가 먼저 될 수도 있는 것이 하나님의 나라의 기능적인 구조이다. 두 형제 가운데 야고보가 먼저 순교했고 반대로 동생 요한은 12 사도 가운데 가장 오래 살았다. 야고보는 짧고 강력하게 요한은 길고 강력하게 사도의 삶을 살았다. 하나님은 사도들을 짧게도 길게도 각자 사명에 따라서 인도하신다.

* 도마

도마에게 의심 많은 사도의 이미지가 따라다녔다. 이런 도마의 이름은 12 사도 가운데 가룟 유다 앞에 11번째로 기록하여야 하지 않는가? 도마의 이름이 12 사도 명단에서 마태복음에는 7번째, 마가복음과 누가복음에는 8번째로 기록되었다. 그런데 사도행전에서 도마의 이름이 6번째로 기록되었다. 의사 누가는 무슨 이유 때문에 사도 도마의 이름을 앞쪽으로 올려서 기록하였을까? 사도행전 시대에 도마가 사도 서열 위치가 한 단계 아니면 두 단계 올라간 것은 승진한 개념이 아니라 단지 그의 사도 역할과 기능이 확장된 개념이다. 사도행전의 새로운 시대에 사도 도마가 감당해야 할 기능이 많아져서 도마의 이름이 아마도 복음서보다 앞쪽으로 옮겨갔다.

예수님은 12 사도를 건전한 팀으로 엮으실 때 서열 질서가 아니라 기능 질서에 기초하였다. 예수님의 사도 팀에는 위 아래 서열 문화가 존재하지 않는다. 사도 12명 모두 동일한 부르심을 받은 자이며 단지 각자가 감당할 역할 기능이 다를 뿐이다. 기능 질서를 절대로 서열 질서로 오해해서는 안 된다. 그래서 예수 안에서는 형제와 자매만 존재할 뿐이다 히 2:11-12.

2. 다양성과 융통성

하나님은 다양성의 전문가이시다. 그런데 인간이 타락하여 범죄한 후에 온 세상 문화는 '끼리끼리' 가치관으로 물들어 오염되었다. 세상 조직들은 팀 멤버를 선택할 때 거의 비슷한 사람들을 선호하고 뽑는다. 동창회를 보면 나이에 따라서 같은 학번, 지역에 따라서 같은 출신을 선호한다. 대학은 전공으로 학생들을 차별화한다. 같은 전공 학생들끼리 모여 동문회를 만든다. 회사도 부서끼리 모인다. 민족주의, 연령주의, 지역주의, 학벌주의, 출신주의, 직업주의 등 동질 울타리 안에서 네트워킹한다. 이런 형태는 동질성은 존재하지만 다양성은 결핍되었다.

예수님이 선택한 사도 12명을 통하여 다양성을 볼 수 있다. 첫째, 직업이 서로 다른 다양한 사람들을 선택하여 팀을 만들었다. 어부와 세리는 공통 분모가 거의 없다. 어부는 물 위에서 일하는 사람들이며 세리는 땅 위에서 일하는 사람들이다. 어부는 그물 던지는 기술이 발달했으며 세리는 돈 받는 기술이 있다. 그들이 같은 팀에 소속되어 함께 일하는 자체가 어렵다. 어부와 세리는 서로 다르기에 함께 일하는 융통성을 반드시 개발해야 했다.

둘째, 정치적 성향이 정반대인 사람들을 사도로 선택하였다. 예수님은 팀 형성에 세상 일반 상식을 획기적으로 깨셨다. 시몬은 로마 정부 반대에 앞장 섰던 열심당원 멤버로 세금 내는 것을 거부했다. 정반대로 마태는 친 로마 정부 사람으로 세금을 과하게 거두었다. 이 땅에서 시몬과 마태가 물과 기름 같은 존재들이어서 같은 팀에 속하여 손을 잡고 일할 수 있는 확률은 거의 없다. 같은 팀에 일하며 매일 음성 높이며 다툴 확률이 거의 100%이다. 시몬과 마태 같은 사람들이 서로 용납하는 융통성의 폭이 넓은 사람으로 변화되지 않으면 예수님의 팀은 실패한다. 예수님은 이것을 아시면서 그들을 의도적으로 같은 사도 팀에 부르셨다.

셋째, 성격과 일하는 방식이 다양한 사도들을 선택하였다. 예수님 사도 팀은 행동파 doer, 생각파 thinker, 체험파 feeler 등 다양한 멤버들로 구성되었다. 다혈적 성격으로 생각보다 행동이 앞서는 사도 베드로는 행동보다 침착한 성격으로 생각 깊은 사도 빌립과 같은 팀의 소속된 멤버로서 서로를 용납하는 융통성을 배워야 했다.

예수님은 12 사도 선택을 통하여 그 시대에 혁명가이심을 보여 주셨다. 사도 팀 구성에 필요한 다양성과 융통성은 동질성 sameness 보다 동일성 oneness 을 요청한다. 12 사도 모두 똑 같은 사람이 되는 것이 목적이 아니라 서로 다르지만 같은 팀에서 동일한 비전으로 하나 되는 목적이 예수님의 12사도 선택에서 배울 레거시이다. 예수가 선택한 사도 팀은 단색이 아니라 다양한 색깔들로 구성되었다.

3. 고향을 떠나 타향으로 움직임

움직이지 않고 중단하면 화석화되어서 결국은 레거시가 계승되지 않는 상태로 죽는다. 12 사도들은 조직 안에 있는 움직이지 못하는 이름이 아니라 살아 움직이는 생명체이다. 예수님 시대에는 한 사람이 태어난 고향에서 성장하고 일하다가 죽는 것이 평범한 삶의 패턴이었다. 평생 제한된 공간 영역 안에서 하늘의 태양, 달, 별을 보고 평생 살다가 숨을 거둔다. 움직이는 동력사회가 아니라 정착사회이었다.

고향은 편안함과 익숙함이 넘치는 공간이다. 고향 테두리를 벗어나면 새로운 환경에 적응하며 낯선 사람들을 접촉하기에 항상 불편하며 불안하다. 성삼위 하나님은 보좌에 좌정하여 움직임을 싫어하는 게으른 하나님이 아니시다. 하나님은 움직임을 한 번도 중단한 적이 없다. 예수님께서 사명을 위해서 고향을 떠나 타향으로 가는 최고 모델을 12 사도에게 보여주셨다. 하늘 고향을 떠나서 타향 지구로 오셔서 인간 속에서 사셨다 요 1:14. 베들레헴에서 태어나서 부모의 손에 안겨서 이집트로 이민 가서 얼마 산 후 나사렛으로 옮겨서 정착하여 성장했다. 성장한 나사렛 지역이 아니라 갈릴리 바다 근처에서 12 사도들을 선택하여 사역을 시작하였다. 이 땅에서 마지막 시간에는 갈릴리에서 예루살렘으로 가셔서 십자가에 죽으시고 이 땅을 떠나서 하늘 고향으로 승천하여 귀향하셨다. 그리고 천국에서 기도를 하시며 우리의 처소를 준비하고 계시기에 자리에 앉아서 안주하시지 않는다. 예수님은 끊임없이 이동하셨다.

가룟 유다를 제외하고 모두 갈릴리 출신 사도들을 선택하시고 갈릴리와 여러 지역으로 이동하는 과정을 통하여 그들을 훈련시켰다. 최종적으로 갈릴리 지방 출신 사도들에게 예루살렘 대도시로 옮기도록 명하셨다. 갈릴리에서 12 사도들이 충분히 교회를 시작할 수 있는데 지방 출신 사도들에게 대도시 예루살렘으로 옮겨서 교회 탄생을 준비시키고 새 시대의 사역을 시작하도록 하셨다. 그리고 사도들에게 유대 지역,

사마리아 지역, 그리고 땅끝까지 움직여서 '가는 팀'으로 기능을 충실히 할 것을 당부하셨다. 이 땅에서 11 사도들은 복음을 손에 들고 세계 여러 곳으로 흩어져서 제자를 삼는 사역을 하다가 타향에서 숨을 거두었다. 최종적으로 그들은 최종 목적지 천국으로 옮겨 이사 갔다. 교사와 목자는 정착에 익숙하지만 사도는 움직임에 익숙하다. 움직였던 11사도들은 녹슬지 않는 레거시를 남겼다. 그래서 신앙은 순례길이다. 사도들이 신앙의 후배들의 귀에 "절대로 정착하지 말라. 가라"라고 끝없이 외치고 있다.

4. 하나님 역사 기록

기록되지 않는 역사는 레거시로 남지 않고 바람과 함께 흔적도 없이 사라진다. 12 사도들 가운데 3 명이 복음서를 기록하였다. 베드로는 다음 세대 신앙의 바통을 전수 받은 '마가'를 통하여 마가복음을 레거시로 남겼다. 유일하게 의사였던 '누가'만 12 사도에 속한 멤버가 아니었다.

마태는 세리로서 장부 기록에 익숙한 사람이었다. 숫자에 익숙한 마태가 손에 펜을 들고 마태복음을 통하여 예수님의 역사를 기록하였다. 자기의 개인 스토리를 충분히 여러 군데 기록하여 넣을 수 있는데 겸손하게 자기는 드러내지 않고 오직 예수님을 이스라엘 왕으로 드러내는 마태복음을 기록하였다. 만약 마태가 펜을 들지 않고 충분한 시간을 투자하지 않고 마태복음을 기록하지 않았다면 1장에 기록된 예수님의 계보 속에 5명의 여성들의 정보와 28장에 모든 족속으로 제자 삼으라는 지상 대명령을 후대가 레거시로 받지 못했을 것이다.

요한은 형 야고보의 순교를 눈으로 보았다. 친형이 너무 일찍 주님 곁으로 갔다. 짧은 인생을 살았던 야고보와 정반대로 요한은 하얀 머리와 수염이 바람에 날리는 가장 오래 산 예수의 사도였다. 그가 그의 인생 말년에 나이가 들어 얼굴에 주름살이 많았지만, 마음은 청청하여 자기 손으로 펜을 잡고 위대한 예수님의 역사를 생생하게 기록하였고, 종말의 계시를 기록하여 후대에게 위대한 레거시를 남겼다.

　베드로는 자신의 영적 제자 마가에게 복음서 기록에 도움을 주었으며 또한 편지 2편을 직접 써서 하나님의 말씀을 후대에게 레거시로 남겼다. 지난 2천 년 기독교 역사에 수많은 사람이 사도들의 기록을 통하여 예수님의 스토리와 편지를 읽고 주님을 만나서 영적으로 거듭나며 주님의 성숙한 제자로 성장하는 축복을 받았다. 수많은 목사가 사도들의 기록을 읽고, 묵상하고, 연구하여 교회 강단에서 강력하게 말씀으로 선포하고 가르쳤다. 수많은 선교사가 지상 대명령을 읽고 감동 받아 선교 사명을 가슴에 품고 세계 곳곳으로 흩어져 하나님의 나라를 세웠다. 2천 년 이상 지난 지금에도 예수 사도들이 남긴 기록은 레거시로 여전히 진행 중이다.

책을 쓰게 된 배경

스페인에는 유명한 산티아고 순례길이 있다. 한국에는 이런 곳이 없을까 생각하고 있었다. 어떤 지인을 통하여 한국에는 섬티아고 순례길이 있음을 소개 받고 2024년 1월초에 내가 학장으로 섬기는 레거시 아카데미의 핵심 리더들과 함께 신안의 섬티아고를 직접 방문하게 되었다. 나는 예수님의 12 사도들을 기념하기 위해서 세워진 12 교회 예술 작품을 만나기 위해서 12km를 침묵하면서 두 발로 걸었다. 조용한 섬들을 걷는 12 사도 순례길은 누가복음 24장에 엠마오 고향으로 돌아가고 있는 실망한 제자가 예수님을 개인적으로 만나서 가슴이 뜨거워져 인생의 터닝 포인트가 된 것처럼 나에게 12사도들이 후대들에게 남긴 레거시의 흔적을 마음으로 걷고 싶은 뜨겁고도 거룩한 욕망이 생겼다.

나는 목사, 선교사, 그리고 신학교 총장으로 총 약36년 동안 성경을 가르치고 설교를 했다. 그런데 베드로, 요한, 도마, 마태, 가룟 유다에 관해서 설교해 본 적은 있어도12 사도 각 개인에 관한 삶을 레거시 관점에서 연구해 본 적이 없었다. 내가 예수님의 제자인데 예수님이 처음 세운 12 사도들을 통하여 배워지는 것이 있는 것은 당연하지 않은가? 예수님의 12 사도들이 남긴 레거시는 나같은 21세기 제자들에게 어떤 교훈을 주는가?

섬티아고 순례길에서 돌아온 후 2024년 1월달 3 주 동안 책상에 앉아서 매일 아침 성경 묵상을 통하여 12사도가 남긴 레거시를 집중해서 적어내려 갔다. 나는 12 사도들을 직접 만나는 것 같은 체험을 하였다. 특별히 12 사도 가운데 나의 성경 무지無知로 소외되고 몰랐던 사도들이 나 같은 신앙의 후대에게 남긴 소중한 레거시를 가슴 주머니에 차곡차곡 담았다. 내가 기록한 레거시 내용은 이 책자보다 훨씬 많은 분량이다. 여기에는 핵심적 내용만 요약하여 간단히 실제적으로 적었다. 독자들도 나와 동일한 마음으로 책으로 읽은 후에 '그러면 나는 21세기에 어떤 레거시를 남길 것인가?'하고 함께 고민했으면 좋겠다.